U0726858

五个一工程入选作品
少儿书系

不知道的世界

昆虫海洋动物篇

杨文翻 华惠伦 著

中共中央宣传部出版局　编

少 儿 科 普 系 列 · 不 知 道 的 世 界

江苏人民出版社

图书在版编目(CIP)数据

不知道的世界·昆虫海洋动物篇/杨文翻,华惠伦
著.—南京:江苏人民出版社,2008.5
（五个一工程入选作品·少儿书系）
ISBN 978 - 7 - 214 - 05126 - 4

Ⅰ.不...　Ⅱ.①杨...②华...　Ⅲ.①科学知识—
少年读物②昆虫—少年读物③水生动物:海洋生物—少
年读物　Ⅳ.Z228.1　Q96 - 49　Q958.885.3 - 49

中国版本图书馆 CIP 数据核字(2008)第 037405 号

书　　　　名	不知道的世界·昆虫海洋动物篇
编　　　者	杨文翻　华惠伦
责 任 编 辑	苏　人
出 版 发 行	凤凰出版传媒股份有限公司
	江苏人民出版社
出版社地址	南京市湖南路 1 号 A 楼,邮编:210009
出版社网址	http://www.jspph.com
	http://jspph.taobao.com
经　　　销	凤凰出版传媒股份有限公司
照　　　排	江苏凤凰制版有限公司
印 刷 者	江苏凤凰盐城印刷有限公司
开　　　本	880×1230 毫米　1/32
印　　　张	4.125　插页　2
字　　　数	89 千字
版　　　次	2008 年 5 月第 1 版　2013 年 3 月第 2 次印刷
标 准 书 号	ISBN 978 - 7 - 214 - 05126 - 4
定　　　价	10.00 元

（江苏人民出版社图书凡印装错误可向本社调换）

总　序

　　呈现在各位读者朋友面前的是一套荟萃了十几年来我国出版界推出的众多优秀少儿作品的精选书系，共三个系列：一是少儿文学系列，二是少儿科普系列，三是少儿图本系列。这些作品都是从历届"五个一工程·一本好书"奖的获奖作品中采撷出来的。

　　由中宣部组织评选的精神文明建设"五个一工程·一本好书"，从1992年开始，已评选了10届，历时16年。每次评选中，少儿读物都是评选组织者和评委们关注的重点。入选的作品，本着让少儿读者爱看、读了受益的原则，注重思想性、艺术性与可读性的统一，许多作品发行量很大，许多艺术形象为孩子们耳熟能详，有些作品虽然已经出版了许多年，今天读来，仍让人感动、让人爱不释手。

　　少年儿童是祖国的未来、民族的希望。一个孩子要健康成长，成为对国家和民族有用的栋梁，离不开阅读活动，需要从众多优秀作品中汲取智慧、汲取营养。为了给广大少年儿童提供更多更好的精神食粮,每天都有成千上万的作家和出版工作者在辛勤劳动。收入这套书系的作品虽然只是他们无数成果中的一部分,但值得我们骄傲、值得我们珍惜。今天,我们征得图书作者和出版单位的同意,把这些优秀作品汇集起来,由凤凰出版传媒集团所属的江苏人民出版社重新编辑出版,奉献给广大的读者朋友,特别是今天的少年儿童读者朋友。我们相信,优秀作品的生命力可以穿透时光的隧道,不断给人们带来快乐,带来力量,带来美的享受。

五个一工程入选作品·少儿书系
编辑委员会
2008 年 4 月

目　录

杨文翻　华惠伦○不知道的世界·昆虫海洋动物篇

主 编 的 话

我们对所接触的世界似乎已经熟识，人类有理由为几千年积累的丰富知识而自豪。然而，知识像一个不断膨胀的圆圈，圈外即是浩瀚无边的未知世界。随着知识魔圈的扩大，它与未知世界的接触面也日益增大。于是，在知识爆炸的时代，人类反倒觉得不知道的东西越来越多。这正是人类探索与创造的源源不绝的催动力。

众多的科普读物，力求展现已知世界，而我们现在做的正好相反。这是一套未知世界的小百科，它选取了一系列科学谜案，反映了人们在探疑解谜中作出的努力和遭遇的障碍，介绍了各种有代表性的假说、猜想和目前已达到的研究水平，提供了攻难闯关的相关知识背景，并指示了可能的途径。总之，它要把读者带进一个陌生神秘、异彩纷呈、激动人心的未知世界，激发人的探索欲和创造欲，同时使人获得相关知识和科学思想。

这是一套由科学家和科普作家们写给青少年的书，易读、易懂而又叫人着迷。让我们畅想：未来有一位中国科学家，因为破答了中外未解的科学悬谜而功著世界。今天，他（她）还只是个风华少年，正坐在小小的书桌前，如痴如醉地捧读着《不知道的世界》……

陈海燕

1998 年 5 月 18 日

在知识的长河中注入一点水

记得两年前的某一天，中少社的几位朋友来找我闲聊，说起他们正在策划一部丛书，叫做《十万个不知道》。一听这题目，我说："这个主意好。老跟孩子讲这是这样的，那是那样的，日子久了，孩子们可能会感到乏味的。也得跟孩子讲讲，世界上还有许多不知道的事儿，比已经知道的多得多，而且有趣得多。如果能潜移默化，让孩子们的心里萌发一株不断求知的苗苗，这部丛书就算成功了。"

没想到经过两年的努力，他们已经编成了十本；一个星期前，把最先印得的两本样书给我送来了。丛书改了名称，改成了《不知道的世界》。我看改得好。原来用《十万个不知道》，是受到了《十万个为什么》的启发，从编辑的意图来说，两者是相辅相成的；要是不改，倒像唱对台戏了：我赞成改。这两本样书，一本讲植物，一本讲物理；每本二十几篇，一篇一个主题，推想其他八本也是这个格局。看内容和行文，这部丛书是为初中生和小学生编写的，每一本讲一个方面。以读者已有的知识为基础，讲这一方面最近有了什么新成就，正在研究哪些新课题，将来可能朝哪个方向发展：就这样，把读者领进一个不知道的世界。这个世界无边无垠，多少原先不知道的，现在知道了，却又引发出更多的不知道来。从每一个不知道到知道，都没有现成的道路，道路需要人们去探索。在探索中，有的人走通了，有的人碰了壁，也有殊途而同归的，都到达了目的地。在我看到的两本样书中，这样有趣的故事一个接着一个，到了这儿也没有说完；留下一大堆不知道，让读者自己去思索。

我看照着这个格局编下去，这部丛书会得到成功的。现在的十本，只开了个头。老话说：头开得好就是成功的一半；应该一鼓作气，一本又一本继续往下编：把不知道的世界中的奥秘，一一展现在读者面前，让他们自己挑选将来从哪一个不知道入手，为我们亲爱的祖国作出贡献，在人类知识的长河中注入一点水。

叶至善

1998 年 5 月 19 日

昆虫翅膀的由来

你知道吗？昆虫是地球上第一批"飞行家"，它的飞行史已有 3 亿多年。昆虫是靠自身背部进化出的一对（或两对）翅膀来进行飞翔的。此后约过 2 亿年，第二批"飞行家"上了天，这就是鸟类。鸟是将前肢进化成一对翅膀来进行飞翔的。

大约在 3.5 亿年以前，地球上的昆虫迅速发展。大家熟悉的蟑螂，是当时地球上最占优势的一类飞行动物。科学家从化石的遗骸中鉴别出 500 多种蟑螂。这些古代蟑螂，与我们今天见到的蟑螂差别不大，都有翅膀，并且会扑动翅膀作短距离飞行，可以说它们是有翅类昆虫中最古老的成员。而古代有翅昆虫中个头最大的，要数石炭纪时期的巨大古代蜻蜓——现代蜻蜓的祖先了，它的翅膀展开可达 76.2 厘米，常在原始时代的沼泽地区自由飞行。

那么，昆虫的翅膀是怎样产生的呢？

法国著名博物学家拉马克，在 1809 年出版的名作《动物学哲学》中写道："凡是没有达到其发展限度的动物，它的任何一个器官经常利用的次数越多，就会促使这个器官逐渐地巩固、发展并增大起来，而且其能力的进步与使用的时间成正比例。"这就是拉马克著名的"用进废退"学说。你看，刚刚从蝌蚪发育成成体的小青蛙，爬上岸时，四肢很小，尾巴很大，后来在陆地上由于经常用后腿跳跃，后腿就变得发达起来，而尾巴却因用不上而退化消失了。"用进废退"的现象，在我们周围到处可见。

进化论创始人、英国著名生物学家达尔文，继承并发展了拉马克的学说，提出了一个著名的理论，叫"自然选择"论，其核心就是"适者生存，不适者亡"。生物在生存竞争过程中，会不断发生变异，如果这个变异适合自然环境，有利于生存，就会被保存下来；如果变异不适合自然环境，不利于生存，就会被淘汰直至灭亡。他还认为，一个器官的产生、消失或变异，都是渐进的，而且向着该物种生存的有利方向转变。例如，海豚、海狗、海獭都是在水中捕食的哺乳动物。它们当中，海豚最早进入大海，身体酷似鱼类，前肢变成胸鳍状，后肢成了尾鳍。最晚弃陆入海的是海獭，它们基本上保留着陆生哺乳动物的一切功能。海狗入海的时间，介于两者之间，它们的四肢和躯体还保留着陆生哺乳动物的一些特点，每年还需要登陆交配、生儿育女。

根据拉马克和达尔文的上述学说,昆虫最初长出的翅膀应该是很小很短的翅蕾,经过不熟练的低级飞行后,才逐渐变长,最后达到能翱翔蓝天的程度。

然而,科学家经研究认为,昆虫翅膀与身体的长度应有一定的比例,也就是说昆虫的翅膀必须达到足够的长度时,才能飞行。昆虫最初长出的那种又小又短的翅蕾对飞行是毫无用处的,根本谈不上越用越发达。因此用拉马克和达尔文的学说无法解释昆虫翅膀的由来。

1978年,美国堪萨斯大学的研究生道格拉斯,别出心裁地提出了一个假说。他认为昆虫的翅膀当初并不是用来飞行的,而是用来吸收太阳的热能,换句话说,是用来当暖气片用的。冬天,昆虫和其他冷血动物体内的生化反应变得极为缓慢,它们的行动自然也十分迟缓。这样,早期的翅蕾被昆虫用来吸收太阳能,以提高体温和增强活动能力。为了吸取更多的太阳能,经过长时间的不断演化,昆虫的翅膀越长越长,越长越大,最后终于达到了可供飞行的长度。

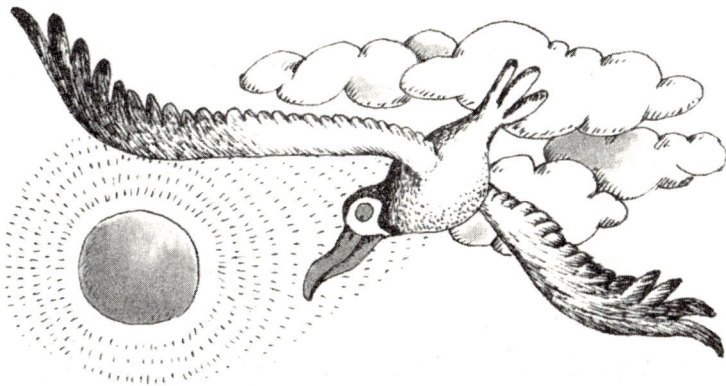

后来,美国伯克利加州大学科学家柯尔和布朗大学科学家金梭佛,试图用实验来验证道格拉斯的假说。他们用不同

大小的人造翅膀和虫体,测量吸热和传热的关系,并用风洞来检查这些人造昆虫的飞行能力。实验结果大体肯定了道格拉斯的假说,同时也提出了一个问题:翅膀越大,固然吸收的热量越多,但是,热量传导时消耗的能量也越多,也就是说翅膀大吸收的热量多,消耗的热量也多。进一步研究得知,翅膀长于 1.25 厘米时,吸放热量达到平衡,这时传入虫体的热量便不再增加。换句话说,如果仅仅为了吸热,昆虫翅膀不应该长于 1.25 厘米。然而根据空气动力学原理,1.25 厘米的长度,还不足以使虫体飞翔。要使虫体在空中飞翔,翅膀长度起码要有 2.5 厘米。

一些科学家根据柯尔和金梭佛的实验结果,认为道格拉斯的假说是不对的。可是,柯尔和金梭佛本人却不同意他们的观点。他们认为某种翅长在 1.25 厘米左右的昆虫,下一代的一些成员可能会因突变,使翅膀达到能够飞行的程度。一旦遭到敌人的攻击,这些翅长的昆虫在情急之中忽然振翅起飞,幸免于难。从此,它们就会飞了。

20 世纪 90 年代,美国海洋生物学家格拉汉姆指出,在 3 亿年前的石炭纪时期,地球表面的空气比较稠密,含氧量也较高。地球化学家波诺尔指出,那时空气的含氧量为 35%(现在为 21%)。所以格拉汉姆认为,稠密的大气,可以给昆虫翅膀提供额外的升力。

英国剑桥大学的埃林顿等 4 名研究人员,用飞蛾在风洞中做飞行实验,还制造了一个机械模型进行详细的分析研究。他们发现,飞蛾向下拍动翅膀时,首先需要把翅膀举至最高位置,然后再向下扇动翅膀。从翅膀根部产生的细小空气涡流,会一直朝着翼端向外流动,这样,翅膀上方的空气压力便会大大降低,从而产生了向上的托力,把飞蛾托举在半空中。可见,昆虫飞翔时,并不是按普通空气动力学原理进行的。

　　真是越来越复杂了。昆虫翅膀,当初到底是用来吸热的,还是用来飞翔的;或是开始为吸热,后来改用飞翔,仍是一个谜。如果能搞清楚这个谜,那么对人类航天飞行器的发展将会有一个质的飞跃。

蟋蟀巧用"BP 机"约会

玩过蟋蟀的小朋友都知道,雌蟋蟀是"哑巴",不会鸣叫,而好斗的雄蟋蟀却善鸣,它的声音是两翅摩擦时,从所谓的发音器官——复翅特化而成的小器官中发出的。在蟋蟀王国里,找对象往往是雄的"唱歌",雌的寻觅,也就是雌蟋蟀寻着雄蟋蟀的叫声找到"心上人"并进行约会。

那么,不会说话的雌蟋蟀是怎样找到雄蟋蟀的呢?这是一个迷惑人类很久的问题。

很久以前,人们以为雌蟋蟀既"哑"又"聋",雌蟋蟀的寻"夫"行为是雄蟋蟀用"诱惑素"引诱的结果。当时科学家发现树蟋蟀在生殖期间，雄虫背部翅膀下有一种腺体，能分泌出一种雌虫喜欢吃的液体。雄虫在鸣叫时张开翅膀，暴露出背部的分泌液体，以招引雌虫。当雄虫举翅鸣叫时，雌虫便寻味而来，爬到它背部取食。这样使雌雄虫的生殖器官有机会接触，保证了交配的顺利进行。

但科学家经过大量研究，发现除树蟋蟀外，其余绝大多数种类的蟋蟀都没有腺体，不能分泌"诱惑素"。

1913 年，维也纳有一位名叫里根的中学生物老师做了一个有趣的实验：他设法使雄蟋蟀的鸣声，通过当时刚刚发明出来的电话机，传递给雌蟋蟀听。当雌蟋蟀听到话筒里传来的雄蟋蟀的鸣叫声时，就爬到电话筒前，和雄蟋蟀"约会"。反复多次，结果都是如此。只要雄蟋蟀在电话机里一"呼"，雌蟋蟀的"接收机"就能立即收到并作出反应。这就推翻了"雌蟋蟀是聋子"的说法。

但雌蟋蟀的"接收机"在什么地方？是怎样接收雄蟋蟀"传呼"的呢？

德国塞维森市马克思·普兰克行为生理研究所的科学家们，曾经对一种欧洲蟋蟀进行过这方面的研究。他们用仪器测量雄蟋蟀的发声情况。发现，当雄蟋蟀把举起的两个翅翼合拢时，发音器官开始发声，发出频率约为 5 千赫的纯正声音。每合拢一次，就鸣叫一会儿。当翅翼分开时，则停止发声，但在休息约 35 毫秒后，两翅又会合拢，发声。

雄蟋蟀的鸣叫声每秒约有 30 个音节，最常听到的"嘿嘿嘿嘿"声是一个 4 音节串，通常是叫一串后，暂停片刻，大约每秒重复 2 次～4 次。

接着他们又研究了雌蟋蟀的接收器，发现，它的接收器在两只前足的膝部下面。在这里每一胫节的表面上都有一对鼓膜，每对鼓膜的下面排列着 55 个～60 个听觉感受器细胞，从听觉感受器细胞发出的神经轴突，向上延伸到腿部，形成神经束，这就是听神经。延伸的终点是中枢神经系统中的前胸神经节。他们应用现代电子仪器进行测量，证实了雌蟋蟀的听觉感受器细胞，对在空气中传播的声音确实能作出反应。他们还发现雌蟋蟀的大多数听觉感受器，对 5 千赫左右的声频能够产生最好的反应。而这种频率正好是雄蟋蟀求偶鸣叫时发出的频率。所以雌蟋蟀能顺利地接收到雄蟋蟀的求偶邀请。看来雌蟋蟀的确身带"接收机"，且在方圆 10 米以内，随时都能收听到雄蟋蟀的"传呼"。

人类的"BP 机"和"大哥大"是靠电磁波传送信息的。而蟋蟀的"传呼"靠的是声波。雌蟋蟀是个"哑巴"，收到雄蟋蟀的"传呼"也不可能跟它对讲，所以它的"接收器"肯定不是"大哥大"，看来它使用的是一种"BP 机"。那么这个"BP 机"是如何知晓雄蟋蟀通知的约会地点的呢？

声学科学家对这个问题进行了研究。研究发现,雌蟋蟀位于两只前足膝下的听觉器官,彼此相距只有 1 厘米左右,而频率为 5 千赫的纯音波长却有 7 厘米左右。这样,从任何一个声源传到两侧"耳朵"外表面的声音之间的强度,差异最多只有几分贝。这样微小的差异,不足以引导雌蟋蟀找到求偶鸣叫的雄蟋蟀的准确位置。

有的科学家认为,可能是由于从两前足左右传来的声音和前后传来的声音强度有差异,从而确定出声源的方位。

有的科学家则认为,雌蟋蟀身上的气管系统中存在某种辅助器官,能使两"耳"之间的声音差异明显增大,从而分辨出声源。但这些假说都没有足够的证据。

看来,雌蟋蟀的"BP 机"功能还是较先进的,至少有"汉显"功能,因为它一收到雄蟋蟀的"传呼",马上就能"读出""传呼"的一切内容(包括准确的时间、地点、方位、距离等)。那么它这种"汉显"功能是如何实现的呢? 这仍然是声学家、生理学家、昆虫学家需要继续探索的谜。

苍蝇不得病之谜

　　人们都知道,苍蝇是传播疾病的罪魁祸首。科学家研究证明:一只苍蝇身体表面通常携带的细菌多达 1700 万至 5 亿个,体内携带的细菌更多。目前已知,苍蝇身上携带的病菌共有 60 多种。伤寒、霍乱、痢疾、肠炎、结核、小儿麻痹等对人类危害极大的传染病,苍蝇都能传播。然而,令人奇怪的是,苍蝇自身里里外外全是病菌,怎么它自己就不得病呢? 这一直是科学界的一个谜。

　　最初,科学家认为,这是因为每种生物都有适合自身生长、繁殖的条件,细菌和病原体也不例外。苍蝇虽然浑身上下携带有大量的病菌,但苍蝇的身体环境,不适合细菌的繁殖要求,所以细菌不能在它体内大量繁殖,也就不会产生大量毒素,所以苍蝇就不得病了。

台湾科学家认为:这些细菌在苍蝇体内是可以生长繁殖的,只不过这些病菌对人是有害的、致病的,但对苍蝇来说却是无害的,不是致病菌。就好比人类身上以及消化道里也有几百亿个甚至更多的细菌一样,它们中多数对人是无害的,不会使人致病。他们认为这是细菌与媒介昆虫(指苍蝇)之间,在长期进化过程中形成的一种适应。

在第二次世界大战期间,苍蝇问题引起了许多军事科学家、生物学家、病理学家的极大兴趣。他们带着各自的目的,进行了大量的研究,发现:苍蝇的进食方式与众不同,它采用的是"体外消化"的方法。苍蝇吃食时,先把唾液吐在食物上,待食物溶解并转化成营养物后,再伸出吸管饱吸一顿。同时,苍蝇几分钟就要大便一次。所以它的吃饭方法是:一边吐,一边吃,一边拉。他们称苍蝇"吐、吃、拉一条龙"。他们还发现,苍蝇消化道的工作效率极高,是任何动

物都无法比拟的。当食物进入消化道后,苍蝇可以立即进行快速处理,在 7 秒~11 秒内,可将营养物质全部吸收完毕,与此同时,又能将废物连同病菌迅速排出体外。就是说当病菌进入苍蝇体内刚要"繁殖子孙"时,却已被苍蝇迅速排出体外。

所以他们认为,苍蝇就是靠这种高速度、高效率的消化吸收和快速外排,在病菌还没有来得及作恶之前就把它逐出体外了,因此苍蝇不会得病。

一般来说,绝大多数昆虫进食之后需要 10 分钟左右才排便,而哺乳动物需要 1 小时~6 小时才排便,人类则需 8 小时~24 小时。细菌繁殖是分裂繁殖,约 20 分钟分裂一次。这样,一个细菌在人体里经过 11 小时繁殖后,如果其后代一个都不死,则可增殖到 2^{33} 个(约 85 亿个)。它们便可在人体内大闹天宫,兴风作浪。

20 世纪 80 年代中期,意大利科学家莱维蒙尔尼卡认为,苍蝇不得病是体内有特殊免疫能力的缘故。他在研究中发现,有的病菌繁殖速度也相当快,甚至可以在 3 秒~5 秒内完成繁育后代。要是这样,它们完全可以在苍蝇体内"兴风作浪",甚至也可以要苍蝇的老命。苍蝇为什么还是不怕它们呢?他进一步研究发现,当病菌侵入苍蝇体内,威胁着它的机体健康时,它的免疫系统就会立即释放出两种免疫蛋白来抵抗,它们是 BF_{64} 球蛋白和 BD_2 球蛋白。这两种免疫蛋白,可以说是苍蝇体内的"跟踪导弹"。因为当它们从免疫系统发射出来以后,就能自动寻找病菌,并引起爆炸,与"敌人"同归于尽。而且这两种球蛋白,一般都是连手对敌,一前一后,寻找目标。如果体内侵入的病菌太多,免疫系统产生的"跟踪导弹"也增加,不断地向目标射去,就像机关枪的子弹,直到把细菌完全彻底地消灭干净为止。"跟踪导弹"的杀菌力要比青霉素、庆大霉素等抗菌素大得多。因此苍蝇的抗病力极强,不易得病。

20世纪90年代,日本科学家名取俊二经过多年的实验和研究,终于在麻蝇的体液中,成功地提取出了外源性凝集素(一种特殊蛋白质)。他认为这种外源性凝集素使苍蝇具有抗病本领。他将提取出来的这种外源性凝集素,在哺乳动物身上试验,发现它能有效地干扰哺乳动物体内的肿瘤细胞,使肿瘤细胞先萎缩,随后慢慢地消失。

尽管人们的研究各见成效,但究竟苍蝇是使用哪种绝招来防病抗菌的,仍是个未解之谜。一旦解开这个谜,对人类的防病抗病措施将有很大的帮助。

萤火虫的"灯语"奥秘

　　每当夏季,夜幕降临之时,人们熟悉的流萤时隐时现,时亮时灭。绿色的萤光,忽上忽下,忽快忽慢,一会儿向东,一会儿向西,为寂寞的大地增添了无比绚丽的光彩。这一景观的制造者,就是大名鼎鼎的发光昆虫——萤火虫。

　　萤火虫的一生要经过4个完全不同的发育阶段:卵→幼虫→蛹→成虫。成虫常生活在阴暗潮湿的地方。每年6月左右,雌雄虫交配之后就把卵产在水里的腐草丛中,经过一个多月的时间,卵孵化成灰色的幼虫。幼虫靠捕捉水边杂草丛中的小蜗牛等水生生物生活。到了寒冷的冬季,幼虫便钻入地下过冬,直到来年春暖花开的 4 月,才钻出地面。再过一个月左右,幼虫又钻入洞穴,完成它生命的第三个阶段——蛹期,蛹经过半个月即可羽化成成虫。

萤火虫的卵、幼虫、蛹、成虫均能发光,而且发出的光亮度还不小呢!我国古代有个非常勤学的少年,因为家里贫穷,无钱购买灯油,就抓了许多萤火虫,装在半透明的纱布口袋里,晚上用来照明读书。这便是有名的"囊萤夜读"故事。乾隆皇帝读到这段故事后,亲自做试验,也抓来许多萤火虫,装在纱布袋里用来夜读,发现不行。所以他否定了这个历史典故。但是我们知道,萤火虫的种类很多,约有 1500 多种。这个庞大家族中的成员都能发光,只不过发光的强弱各不相同。科学家测试过,把 37 只南方产普通型萤火虫放在一起,能发出"一烛光"的亮度。有的萤火虫发出的光亮度比这个大,有的比这个小。乾隆皇帝捉的萤火虫一定是亮度小的种类。

萤火虫为什么要发光呢?这是一个人们十分关心的话题。

生物学家认为,闪光是萤火虫在打"哑语"。因为萤火虫没有专门的发声器官,也没有"耳朵",所以不能用声音来交流。但它的视力还不错,可以靠视觉来交流,因此便创立了这种"灯语"——闪光语言。

那么萤火虫使用"灯语"怎么"说话","说"些什么呢?

美国佛罗里达大学动物学家劳德埃博士认为,它们是用"灯语""谈情说爱"。他对萤火虫的发光现象进行了 18 年的研究,跑遍了世界上许多有萤火虫的国家。他发现,雌性萤火虫会按照很精确的时间间隔,发出"亮、灭;亮、灭"的短信号;而雄虫收到这个信号后,就会立即发回"亮——灭;亮——灭"的长

信号,双方"情投意合",就飞到一起,结成夫妻。所以他认为,萤火虫的闪光是一种"爱情光通讯信号"。后来他发现萤火虫不仅仅用这种"爱情光通讯信号""谈情说爱",而且还会用它来"说谎"。他在佛罗里达大草原,详细地观察了萤火虫的"说谎灯语"。在这片大草原上有一种萤火虫,成虫期非常短暂,所以能用来求偶的时间很短。迫切的求偶愿望,使雄虫之间常常展开激烈地竞争。在竞争中,有的雄虫施展出雕虫小技,模仿雌虫的"灯语",欺骗其他雄虫,待其他雄虫上当后,它便改变"灯语",直奔雌虫而去,从而达到独占雌虫的目的。

他还发现了更奇特的事情:萤火虫竟能使用"爱情光通讯信号"搞第三者插足。他看到有的雄虫在别的雄虫和雌虫"灯语对话"正亲密的时候,突然插足进来,发出亮光,打断它们的交流,从而强行与雌虫"对话"。

另一些科学家也通过实验,得出萤火虫的"灯语"是"觅食光通讯信号"的结论。他们做过这样的实验:夏天,他们带着小电筒,躲藏在草丛里,模仿雌虫发出的闪光信号,结果,居然引来了不少雄虫,而且种类不一。科学家进一步研究观察发现,有好几种萤火虫的雌虫能用"灯语"把别的萤火虫或其他趋光性昆虫引过来，但引过来并不是为了"谈情说爱"，而是把它们一一吃掉，美餐一顿。还有的雌虫会模仿另一个种类的雌虫的"灯语"来吸引那种雄性萤火虫过来，然后，也是把它吃掉，饱餐一顿。

所以，这些科学家得出萤火虫的"灯语"是"觅食光通讯信号"的结论。

还有的科学家认为，萤火虫的"灯语"是一种"恐吓光通讯信号"。它们用突然闪亮、突然熄灭的办法来威胁敌人，使敌人不敢接近，以保证自身的安全。

看来，萤火虫的"灯语"含义十分丰富，"灯语"所说的内容也是多种多样的。它的"灯语"里究竟隐藏着什么奥秘？这个问题还需要我们进一步去探索研究。

蜜蜂为何"怕老婆"

　　蜜蜂是一种典型的社会性昆虫。每个蜂群大约有几万至几十万只蜜蜂,并且只由母蜂、雄蜂、工蜂三种不同职能的蜂所组成。

　　母蜂,又称"蜂后",一个"家庭"里只有一个,其职能就是专门产卵,繁殖后代,整个蜂群成员全部是它的子女。

　　雄蜂,约成百上千个,是由"蜂后"所产的未受精的卵孵化而成,其职能就是与蜂后交配,繁衍后代。

　　工蜂,有几万至几十万个,是由"蜂后"所产的受精卵孵化而成,是整个蜂群的主体,也是蜂群的劳苦大众,担负着蜂群的全部社会劳动。

在蜜蜂大家庭里,雄蜂是最无能的。它的惟一职能就是和"蜂后"进行交配,繁衍后代。因为雄蜂总是游手好闲,不爱劳动,也不会采蜜,所以,常常被它们的同胞姐妹赶来赶去,甚至赶出巢外,孤苦伶仃,过着流浪的生活。不是交配季节,"蜂后"根本就不理睬它,它也见不着"蜂后",若是胆敢接近"蜂后",就会被同胞姐妹们推拉到一边,直至撵出巢外。即使"蜂后"有了召唤,需要交配时,也只能轮上几个体魄最健壮,飞翔力最强的"棒小伙子"(蜜蜂交配是在高空进行),其余的将流浪一生,直至死亡。就是这几个幸运的身强力壮者,和"蜂后"交配之后,也会立即以身殉情,坠落地上,了结一生。可见,在蜜蜂社会里,雄蜂是十分受气的。

然而,"蜂后"虽然也从不劳动,是个好逸恶劳者,但它却以"太后"自居,十分风光。不可思议的是群蜂们居然心甘情愿地俯首称臣。"蜂后"产卵时,无论走到哪里,总有不少工蜂在一旁陪伴和服侍,工蜂会把"蜂后"将要产卵的蜂房打扫得干干净净。"蜂后"休息时,工蜂们便一口一口地轮流喂给它最有营养的食物。"蜂后"在巢内活动时,其他蜂全都自动闪在一旁,赶快给它让路。只要它在蜂巢里,群蜂们的生活和工作总是井然有序,主动自觉。一旦它不在蜂巢,群蜂会不知所措,乱成一团,甚至互相打斗。这一切似乎显示,在蜜蜂社会里有一条不成文的"女尊男卑"的"宪法"。为此,动物学家称蜜蜂是"怕老婆"的动物。

"蜂后"为何有这么大的"魔力"呢?

较早的时候,有的科学家认为,这是"抚育的结果"。因为每只蜜蜂长大后干什么事,是由工蜂喂养抚育的方式来决定

的。当蜜蜂在婴儿期(呆在蜂房里的幼虫)时,就由负责哺育的工蜂逐一挑选,把受精的和未受精的,强壮的和弱小的区分开来,分别以不同的抚育方式抚育。稍大一点儿后,再分配跟随不同的工蜂学习。这样一来,蜜蜂的成长就如同园丁手中的小树一样,园丁决定了小树的形状,抚育决定了蜜蜂的类型和行为。

后来,有的科学家认为,蜜蜂绝大部分复杂的行为并不是抚育的结果,而是"遗传的作用"。他们在实验中发现,"蜂后"、雄蜂以及担负蜂群守卫、处理死蜂殡仪、采集花粉和花蜜、侦察迁移地点、照看哺育幼蜂、振动翅膀给"蜂后"降温等不同工种的工蜂身上都存在着明显的不同的遗传基因。

20世纪60年代,法国科学家佩茵研究认为,这是"蜂后"使用"化学武器"的结果。

1981年6月,法国国立自然历史博物馆的《性的自然史》展览,在上海自然博物馆展出。其中有一个"动物的性与群居"专栏,对"蜂后"的"魔力"做了以下揭示:"蜂后"

上下颚的唾液腺能分泌出一种特殊的化学物质——信息素。这种信息素能起到"化学武器"的作用:第一,可以把工蜂引向"蜂后",为"蜂后"喂食及做一切服侍工作;第二,可以抑制工蜂的卵巢发育,使其丧失生育能力;第三,这种信息素和王浆共同作用可以告诫所有工蜂,只要本"蜂后"存在,就不许再扶植另一只"蜂后";第四,在繁殖季节,"蜂后"外出婚飞时,这种信息素能吸引雄蜂拼命追逐"蜂后",飞入高空进行交配。

科学家进一步研究发现,这种信息素的成分十分复杂,目前已经从中分离出30多种成分。其中,目前能够提纯和人工合成的是两种"不饱和脂肪酸":顺式9—氧代—癸二烯酸和顺式9—羟基—癸二烯酸。这两种物质,被科学家称为"蜂后物质",即"蜂后"用来统治蜂群的"化学武器"。"蜂后"利用这种秘密武器,使工蜂们俯首帖耳,心甘情愿地服侍它一辈子,也使雄蜂个个"怕老婆",谁也不敢造反。

"蜂后"一旦失去这个"化学武器",就会失去一切权力,工蜂们会纷纷离开它,活活把它饿死。相反,只要"蜂后"唾液腺中仍保留这种物质,哪怕是死了,它也照样能统管蜂群。在一个养蜂场

里曾经发生过一个有趣的事:一窝蜜蜂,在分群时,"蜂后"因事先被养蜂人剪了翅,不幸落在地上被车子轧死了。然而,工蜂们没有离开"蜂后"的尸体,而是聚集在"蜂后"的尸体旁。天快黑了,养蜂人取走了"蜂后"的尸体,并驱散了蜂群。第二天,养蜂人发现大群工蜂仍聚集在昨天"蜂后"遇难的地方。他又把蜂群驱散,并把那里的泥土铲起,移到 10 米以外的地方。想不到 20 分钟后,大群工蜂又聚集到移走的泥土上。可见"化学武器"的魔力之大。

看来,"蜂后物质"是蜜蜂"怕老婆"的主要原因。但是这种"化学武器"是如何控制蜂群行为的,仍困扰着科学家。

20 世纪 90 年代,科学家发现,人体也有这种"化学武器"。在南极考察的澳大利亚科学研究人员,几乎人人彻夜失眠,整天头昏脑涨,工作情绪低落,吃药没有一点效果。医学博士前往调查研究后得出惊人的结论:是考察队员中性别单一,缺乏异性"信息素"所致。美国医学家也发现,在太空飞行中,60%的宇航员经常头痛、眩晕、恶心、呕吐、失眠、烦躁不安和精神萎靡不振,即出现所谓的"航天综合症"。他们向宇航管理局建议：在宇宙航行中，应选配身体健康的女性参加。有了女性的宇宙航行中，几乎再也无人出现这种奇怪的综合症了。

　　但是这种"化学武器"是如何统治动物的各种行为的，仍然是个谜。一旦解开这个谜，人类就可以合成这种物质来科学地管理蜂群，还可以改进人类自身的生理活动和社会活动。有的学者甚至想通过合成"人类信息素"，在某种政治集会中作喷雾剂用，或者在竞选传单的油墨里加入这种物质来产生诱惑力，或在狱中使用这种物质来减轻暴力发生等等。这些想法并不是不可实现的幻想。

蝴蝶迁飞的三大谜

　　蝴蝶是鳞翅目中锤角亚目（又称蝶亚目）昆虫的统称，是昆虫中最美丽的类群。全世界约有 1.4 万多种，以美洲最多，我国约有 1300 多种。

　　平时，人们看到的蝴蝶都是三三两两地在空中飞舞，但是在有些地方，有时候会出现成千上万只蝴蝶大聚会的壮观景象。你听说过云南大理的蝴蝶泉吗？每年的农历四月，成千上万只蝴蝶飞到蝴蝶泉边，有的相互衔着尾巴，吊在树枝上，垂下一条长长的蝴蝶"链"，几乎和水面相接。如果身临其境，你会感到自己好像进入了童话世界。这是世界上著名的"蝶泉"景观。

每当夏季，我国甘肃省榆中县兴隆山风景区，以及我国神农架旅游区的拜台沟，都会云集几十万只白蝴蝶，纷纷扬扬，如满天鹅毛大雪，充满那里的山沟。这是世界上有名的"蝶雪"景观。

我国曾在几十个地方出现过蝴蝶聚会的景观。蝴蝶不仅喜爱聚会，还能作长途迁飞，甚至能成群结队越洋过海。

据文献记载，最早发现蝴蝶漂洋过海的是航海家哥伦布。他在环球旅行的途中，发现成千上万只蝴蝶结队从欧洲飞往美洲。据统计，全世界曾有 200 多种蝴蝶，发生过上千次迁移飞翔。

蝴蝶为什么要迁飞？这是第一个谜。

有的昆虫学家认为，昆虫迁飞是为了逃避不良的环境条件，是物种生存的一种本能行为。它与遗传和环境条件有关。他们提出两种假说：

第一种假说认为，迁飞是昆虫对当时不良环境条件的直接反应，如食物缺乏，天气干旱，繁殖过剩，过分拥挤等等。如大菜粉蝶在成虫羽化的时候，如果它寄生的植物不能为它提供较佳的食物来源，它就会迁飞，去寻找合口的美味。相反，如果它寄生的植物已能满足它的需要，它就不迁飞了。

第二种假说认为，某些环境条件的变化，影响到昆虫的个体发育，致使昆虫发育成为一种迁飞型的成虫。这些迁飞型成虫往往在形态、生理状况和行为方面与居留型成虫有明显的不同。他们发现，光照周期、温度、种群密度、食物条件的不同，都会使成虫在生理和飞行能力上产生明显的分化。

但是上述两种假说，并不能解释许多种蝴蝶迁飞的现象。

如美洲的大斑蝶，每当冬天来临之前，它们就纷纷结群，从寒冷的北美洲加拿大出发，飞到墨西哥的马德雷山区过冬。来年春天，它们又成群结队，浩浩荡荡地飞向北方，行程长达2880千米。每当蝴蝶迁飞时，蝶群如行云一般，遮天蔽日。有人曾测算过迁飞的蝴蝶数量，约有300多亿只。不可思议的是，它们个个目标明确，直飞目的地，从不开小差，并且每年定期在固定的两地之间迁飞，不会错走他乡。科学家目前仍无法破译这个谜。

弱不禁风的小小蝴蝶，为什么有飞越崇山峻岭，漂洋过海，航程3000千米～4000千米的巨大能量？这股能量是从哪里来的？从动力学角度来看，蝴蝶是飞不了那么远的。这是蝴蝶迁飞的第二个谜。

有的科学家认为，蝴蝶迁飞那么远主要是靠风力。他们研究发现，许多迁飞昆虫，其迁飞的方向均为顺风方向，迁飞的时间和季风同步，也就是说，昆虫是随季风由南到北，由东到西迁飞的。

但另一些昆虫学家认为，上述迁飞现象，只是风载型迁飞昆虫的表现。而蝴蝶的迁飞方向和路径，不受季风所左右。并且它们有一定的自控能力，它们可以逆风或横切着风向飞行，奔向它们的目的地。

前苏联科学家米哈伊洛夫娜和斯维塞尼戈夫则认为，蝴蝶迁飞时使用了先进而节能的"喷气发动机原理"。他们使用高速摄影机摄下了墨星黄粉蝶飞行的情况，惊奇地发现，这种粉蝶在飞行中竟有三分之一的时间翅膀是贴合在一起的。它们巧妙地利用自己翅膀的张合，使前面一对翅膀形成一个空气收集器，后面一对翅膀形成一个漏斗状的喷气通道。蝴蝶在每次扇动翅膀时，喷气通道的大小，进气口与出气口的形状和长度，以及收缩程度都有序地变化着。两翅间的空气由于翅膀连续不断地扇动而被从前向后挤压出去，形成一股喷气气流。一部分喷气气流的能量用以维持飞行的高度，另一部分喷气气流所产生的水平推力则用来加速。蝴蝶就是用这种"喷气发动机原理"来漂洋过海的。但蝴蝶是如何操纵这个"喷气通道"的，仍是个谜。

蝴蝶在蓝蓝的天空中，是靠什么来定向导航，克服种种恶劣天气，奔向目的地的呢？这是蝴蝶迁飞的第三个谜。

　　早期有一种解释认为,蝴蝶每年进行同样路线的往返迁飞是与人类一样,靠记忆识别地形来导向的。

　　后来鸟类学家发现,蝴蝶迁飞常常跟"暖气流"一起移动。如春天迁飞的蝴蝶最早出现在英国,而不是出现在南面的德国,就是因为英国海岸边有墨西哥湾暖流通过。蝴蝶甚至能不畏艰险飞越几百千米的洋面随暖气流进入冰岛。所以他们认为,蝴蝶是靠"暖气流"导航的。

　　细心的科学家又发现,蝴蝶和蛾子的触角,能在水平面上振动,以保持正确的飞行方向,它们是一种天然的"导航仪"。科学家经过进一步观察研究发现,当蝴蝶的身躯发生倾斜、俯仰或者偏离航向的时候,触角的振动平面会发生变化,而且这种变化能很快被触角基部的感受器感受到,并立即传向脑部。蝶脑分析完"信号"以后,便向一定部位的肌肉组织发出"命令",把偏离的方向纠正过来。

　　近年来,昆虫学家贝克专门研究了昆虫导航问题。他发现西欧的小菜粉蝶在秋季向南迁飞时总与太阳方位角保持恒定的角度。白天,太阳方位角随时间而变化,粉蝶的迁飞方位也随之变化。它每天的迁飞路径是一条自东至南最后到西的一个半圆形弧。整个迁飞季节中便形成一系列半圆形弧组成的向南迁飞的路径。

　　他又发现,远距离(2000 千米以上)迁飞的蝴蝶(如斑蝶),靠太阳导航时,能根据太阳方位角的日变化,来调整航向。换句话说,它的飞行方向,并不总是和太阳方位角保持恒定,而是随着太阳方位角的变化而变化。这种变化是通过体内的生物钟来调节的。假如上午 9 点～10 点,它是向着太阳飞行的话,到了下午 3 点～4 点,它就调整到背着太阳飞行了,但始终保持飞行路径接近一条直线,以便用最短的航程到达目的地。他的研究似乎证明了蝴蝶是靠太阳导航的。

1981年,佛罗里达大学的科学家在蝴蝶的脑袋和胸腔内发现了极细小的微磁粒。他们认为这些微磁粒是蝴蝶迁飞的"导航仪",是蝴蝶体内的"生物指南针"。但是,蝴蝶是如何使用微磁粒发现地磁场,从而确定方向的,仍然是一个谜。

目前,科学家正在用先进的雷达对蝴蝶的迁飞进行更深入的研究。相信有朝一日,蝴蝶的迁飞之谜一定会真相大白的。

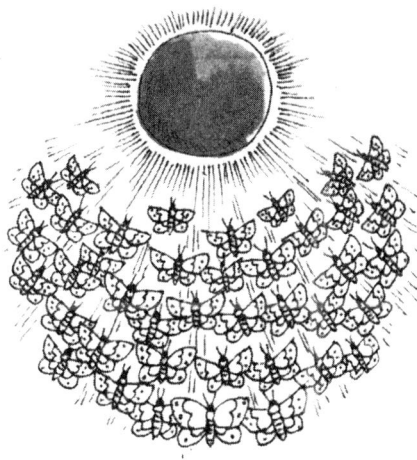

大公无私的蚂蚁

　　蚂蚁是一种社会性昆虫,全世界约有 7000 多种。它是昆虫世界里"最聪明"的昆虫之一。在蚂蚁社会里,有着和人类社会极其相似的地方。比如蚂蚁能进行建设、种植、畜牧等生产,也有清洁、教育、殡仪等工作,它们之间甚至也发生战争、掠夺。这在动物界里是独一无二的。

　　罗马尼亚科学家通过多年长期观察实验发现,刚刚出生的小蚂蚁是在"职业教师"的照看下,在专门的"托儿所"里度过自己的童年的。那些担任"教师"的蚂蚁在蚁穴里,有系统地培养小蚂蚁的生存本领。蚂蚁生了病,有"蚁医生"照顾。

"医生"们每天对患者进行检查，必要时，还送"医院"治疗，有时甚至给受伤的蚂蚁动手术。

蚂蚁的职业分工，十分细致，有专门负责觅食运粮的；有管理蚁穴的；有专门繁殖后代的；有专管哺育的；有清洁卫生的；有建造蚁室的；有治安保卫的；有管种植的；有管畜牧的；甚至有专供贮蜜的。这种专供贮蜜的蚂蚁是一种工蚁，叫蜜壶蚁，它们的素囊特别发达，里面贮满蚁蜜后，身体便胀得滚圆，仿佛一颗熟透的浆果。它们一生都吊在蚁巢的顶部，心甘情愿地成为其他工蚁贮存食物的"蜜壶"。每只蜜壶蚁贮的蜜，可供100只工蚁食用10天～15天。

令人迷惑不解的是，在蚂蚁社会里，既没有司令，也没有将帅，每一部门都没有领导统管，但每一只个体，却能在自己的本职里，尽心尽职，默默无闻，无怨无悔地贡献自己的一生。它们所干的一切，对它们本身都是无利的，但对群体的生存则是有益的。所以科学家说，蚂蚁的这些行为是真正的"毫不利己，专门利人"行为，蚂蚁是"大公无私"的典范。

就拿蚂蚁的抗敌行为来说吧，那可真是赴汤蹈火，在所不惜。据史料记载，有一年南美的格林纳达岛惨遭蚁患。蚂蚁多得堵塞了道路，各种爬行动物均被蚂蚁一扫而光。蚂蚁军团所向披靡，连河流也不能阻挡它们前进。蚂蚁的先头部队一直冲进河里，后继部队源源不断地往前拥，最后蚁尸闸断了河流。有人曾试图用火攻，但无畏的蚂蚁结成了巨大的蚂蚁军团，冲上去一齐喷射蚁酸，并向火海冲去。最后还是岛上发生了水灾，淹死了大部分蚂蚁，才平息了这场蚁患。

早在100年前，法国昆虫学家就观察到蚂蚁巢起火时蚂蚁的灭火行为。1985年，法国科学家再次看到了蚂蚁灭火

奇观。

　　绝大多数动物是见火就逃,蚂蚁为何偏偏舍命灭火呢?为了证实这个问题,英国一名科学家做了两次实验。

　　第一次,他把一盘点燃的蚊香放进一个蚁穴里,在一旁细心观察。只见巢穴中的蚁群发现巢里起火后,又惊又怕,乱得团团转。大约20分钟后,蚂蚁才镇定下来。之后,工蚁迎火而上,前仆后继,向火舌喷射蚁酸,开始了紧张的救火活动。一只蚂蚁的蚁酸虽然只是杯水车薪,但成千上万只蚂蚁的蚁酸汇成了一股不小的水流。它们不怕牺牲,英勇作战,用了66秒钟就把火扑灭了。

　　一个月后,科学家又进行第二次实验。这次他把一支点燃的小蜡烛,放进了上次那个蚁穴里,进一步观察蚂蚁的反应。这次火势虽然比上次更猛,但蚁群已经经受了上次的锻炼,不再乱作一团,而是很有序地进行灭火,只用了44秒钟就把火扑灭了。这次死伤者也减少了。两次实验,证实了蚂蚁在火海面前是无所畏惧的。为了他人的安危,为了群体的生存,蚂蚁个个赴汤蹈火,在所不惜。这种不怕死的救火行为,是蚂蚁"大公无私"行为的集中体现。

小小蚂蚁为什么会有如此高尚的行为呢？前苏联学者德米特鲁克认为,这是蚂蚁的本能。每一只蚂蚁只是蚁群中一种地地道道的活工具而已。它们所做的一切,都像机器人一样完全是机械的劳动。任何一只蚂蚁在群体需要的时候都能献出躯体,它们愿以身体填平拦路的壕沟、压灭"熊熊大火"。

但世界著名动物行为学权威伯·克席梅克认为,蚂蚁救火只是一种动物嗜火行为,跟"大公无私"没有任何关系。

有的科学家则认为,蚂蚁的这些行为是受"化学语言"指挥的结果,这种"化学语言"就是"信息素"。他们认为蚂蚁的各种行为都由信息素指挥。他们做了如下一个实验:将一只正在运粮队伍中忙碌搬运粮食的蚂蚁,移到离开这支运粮队伍较远的地方。这时,他们发现这只蚂蚁迷失了方向,并丧失了正常行为。它扔掉粮食,东逃西窜,不知所措。由此,他们得出结论:离开队伍中信息素的指挥,蚂蚁就会失去正常行为。他们认为,蚂蚁救火是因为蚂蚁颌内能分泌一种求救信息素。当一只蚂蚁进入火圈前,便释放这种信息素。其余的蚂蚁闻到这种呼救,便一齐拥上,前往救援,结果误入歧途,实

际后果是把火压灭了。

最近,分子遗传学家通过研究认为,蚂蚁的"大公无私"行为是动物的"利他行为"的体现,这种利他行为是"自然选择"的结果。他们认为,所谓进化,是指各种不同遗传基因出现频率的变化。一个基因,如能增加个体的适应性,能使后代的存活率增加,这个基因在种群中出现的频率便会增加。子代具有两套遗传基因(一套来自父方,一套来自母方),当个体牺牲自己而能挽救两个以上具有自己基因的个体时,比个体保存自己,使其基因在种群中出现的频率要大得多。因此,牺牲自己保存种群的"利他行为"就符合"自然选择"的要求了。但他们认为,动物的利他行为和人类有意识的"毫不利己,专门利人"的精神又有质的不同。

总之,行为进化是极其复杂的生物学问题。行为与基因、环境有着千丝万缕的联系,所以这个问题目前仍处于探索阶段。

蚜虫怎么成了凶手

通常，人们只知道世界上有三类昆虫有社会分工，过着社会性群居生活，它们就是白蚁、蚂蚁和蜂类。

蚜虫是同翅目中蚜总科昆虫的统称，全世界已知的有4000多种，我国有600种以上，大多数是农作物的害虫。蚜虫的繁殖能力和繁殖方式都十分引人注目。昆虫学家曾对棉蚜的繁殖能力进行过具体研究，得出这样的结论：在北京，一只棉蚜自6月中旬到11月中旬这段时间内，假设它生育的后代都能存活，如果把子子孙孙都算上，竟有 6.7×10^{20} 只。如果一只棉蚜的占地面积按1平方毫米来计算，那么上述那些棉蚜约占整个地球面积的 1.3 倍。由此可见,蚜虫的繁殖能力,在昆虫王国中堪称冠军。当然,棉蚜不会只生不死,6 月到 11 月间所生的棉蚜也不会同时存在,否则地球岂不成了棉蚜的世界了?

那么,蚜虫的繁殖能力为什么这样强呢? 原来,它有一套特殊的生活本领。第一是繁殖快,一年能繁殖 20 代～30 代。第二是成熟快,一生中没有蛹期。幼虫出生后,一般只需 5 天,蜕完 4 次皮就能生育后代。第三是生活方式特殊,一年中要经过孤雌生殖(即以卵胎生的方式直接产下雌蚜虫)和有性生殖两种繁殖方式。而且,在条件优越的时候,产生的都是无翅蚜虫;环境变恶劣时,产生的却都是有翅蚜虫。更有趣的是,雌蚜虫在夏秋两季能进行孤雌生殖。

平时,蚜虫聚集在果树、蔬菜、花卉等植物的嫩叶和嫩茎上,用刺吸式口器刺入植物的幼嫩组织吸食汁液。奇妙的是,蚜虫的腹部背面两侧,生有一对能分泌甜汁的腹管,能排出一种香甜的"蜜露"。这是怎么回事呢? 原来蚜虫吸取植物的汁液后,本身所需要的只是蛋白质等一部分养料,而那些不需要的糖分便通过腹管排出体外。这种又香又甜的蜜露,吸引了许多蚂蚁前来取食。蚜虫也因此受到蚂蚁的保护。

1976 年 9 月,一

位日本昆虫学家偶尔发现了一个奇怪现象：一条天社蛾的幼虫，不小心落到了牡丹花上，被 66 只蚜虫团团围住，最终被公认为是弱小昆虫的蚜虫用短小口器刺死。一般只危害植物的蚜虫怎么会成为凶手呢？这个问题连昆虫学家都弄不明白。

经过研究，昆虫学家发现，"凶手"的爪特别大，刺吸式口器却只有普通蚜虫的三分之一长，短得连任何汁液都无法吸到。这种蚜虫腹部背面没有腹管，也不会分泌蜜露。常见的蚜虫经过 4 次蜕皮后才长成成虫，而这种蚜虫却从不蜕皮，一直保持一龄幼虫的形态，而且不能生儿育女。科学家认为这种奇怪的蚜虫可能是蚜虫家庭中的兵蚜。继牡丹事件后，昆虫学家又在榉树和淡竹叶上发现了兵蚜。它们都十分骁勇善战，发现敌人就奋起攻击，直到把敌人消灭为止。

兵蚜的发现引起了科学家的关注。有的科学家认为发现兵蚜具有划时代的意义——蚜虫是继白蚁、蚂蚁和蜂类之后，第四类有社会分工的昆虫。因为兵蚜的职责，与白蚁、蚂蚁群中的兵蚁完全相似。那么蚜虫家庭中为什么会出现兵蚜呢？有人认为，这是蚜虫对环境的一种适应。因为在没有蚂蚁保护的地方，蚜虫很容易受到天敌的攻击，于是，兵蚜就应运而生了。

另外一些科学家认为，现在说蚜虫也有社会分工，并被列为第四类社会性群居昆虫，未免有些为时过早。因为人们对白蚁、蚂蚁和蜂类的社会分工合作关系研究得较为清楚，而对兵蚜的了解仅仅局限于攻击来犯者这方面，至于蚜虫家庭中其他成员怎样分工，做些什么却一无所知。再说兵蚜在种类繁多的蚜虫中是否普遍存在，在什么情况下才出现兵蚜，兵蚜是怎样产生的，这一系列问题至今都不清楚。所以说，蚜虫有没有社会分工仍是一个诱人的谜题，现在应该是积极地探索研究阶段，而不是下结论的时候。

实蝇的骗术

实蝇是实蝇科昆虫的统称,种类较多,成虫为小型或中型的蝇,身上有黄、橙、褐、黑等色组成的斑纹。与一般蝇类不同的是,实蝇的翅膀上不仅有暗色斑纹,而且在休息和爬行时,翅膀伸展,不断地上下或前后扇动,令人费解。

长期以来,人们一直认为实蝇的翅膀斑纹和翅膀扇动行为,仅仅是为了求偶,使自己容易被异性发觉,不会"张冠李戴",而没有别的意义。

到了 20 世纪 80 年代中期,美国昆虫学家在观察实蝇的行为中发现,一些种类的实蝇为了逃避敌害,模拟它们的敌害之一——跳蛛的行为(跳蛛是一种蜘蛛)。

研究人员对此进行了实验。把一只翅膀斑纹类似跳蛛腿上条纹,并且腹部有假眼点的实蝇,放在跳蛛的食物——油膏中。当实蝇受到跳蛛扰乱时,它的翅膀扇动得格外厉害。这一动作,看上去很像跳蛛同其他蜘蛛争夺地盘时的行为。实蝇也能模拟侵略性跳蛛的"高度懒散"的步态,作出左右摇摆的舞蹈姿势,从而欺骗了视力不佳的跳蛛,使它误认为实蝇是侵入地盘的对手,不会把它当作猎物吃掉。虽然以前人们已经注意到,跳蛛的行为同实蝇的动作之间有相似性,但这个实验首次证实了这种相似性可以保护实蝇免受跳蛛之害。

另一些研究人员也观察到了实蝇的模拟行为。他们发现,在光亮的圆形屋顶下,一些白浆果实蝇的行为举止很像那些饥饿的斑马纹跳蛛的行为。他们还发现,斑马纹跳蛛逃离模拟跳蛛姿势的白浆果实蝇的比例,同逃离其他跳蛛的相同;斑马纹跳蛛袭击家蝇(翅膀上既无类似跳蛛的斑纹,又无跳蛛状的动作)的次数,比袭击白浆果实蝇要多得多。研究人员还发现,白浆果实蝇即使翅膀上没有类似斑马纹跳蛛的斑纹,只要模拟斑马纹跳蛛的动作姿势,也具有一定的保护作用。研究人员把白浆果实蝇翅膀上的斑纹涂黑,结果发现斑马纹跳蛛逃离这些实蝇的比例下降。这说明,跳蛛状的斑纹和跳蛛状的动作,对实蝇来说都具有保护作用。

美国新泽西州普林斯顿大学的生态学家们,获得了与上述类似的结果,但在方法上稍有不同。他们用一些移植实蝇和11种跳蛛作为实验对象,把这些跳蛛与一些移植实蝇放在同一个围场里,记录跳蛛的行为。移植蝇有三种情况:第一种是把实蝇的翅膀移植到家蝇身上;第二种是把与实蝇个头、形

状相似的家蝇翅膀移植到实蝇身上；第三种是把一种实蝇的翅膀移植到另一种实蝇身上。根据观察，这些移植蝇都有正常的飞行和动作。

实验结果说明，这些被研究的移植实蝇，只要成活下来，始终具有实蝇的色彩。当移植实蝇扇动它们的翅膀时，跳蛛就停止潜近它们，并且开始与移植实蝇一起振动它们的腿。然后，大多数移植实蝇调转头，以"之"字形动作，振翅飞离。其他的身上移植了实蝇翅膀的家蝇，也幸运地没被跳蛛吃掉。其中仅有一只很不幸，因为它呆在一个光线不好的角落里，翅膀上的斑纹模糊不清，所以才遭到跳蛛的袭击而丧命。此外，科学家在研究中也发现，实蝇的拟态还可以对付其他捕猎者，包括食虫蜡象、鞭尾蜥和其他种类的蜘蛛。

许多事实虽然已经证明，实蝇的特殊拟态能够欺骗跳蛛，使自己生存下来。但是也有少数科学家提出异议，认为这一结论似乎下得稍早。他们的理由主要有两点：第一，跳蛛是不结网的游猎性蜘蛛,它们的视觉虽然不好,但是嗅觉非常灵敏,如果它们爱吃实蝇,完全可以凭嗅觉猎取,因而不袭击实蝇可能是跳蛛不吃或不爱吃实蝇的缘故,而不是实蝇的拟态作用。第二,在不少其他实验中,确实也只有个别或少数跳蛛去袭击实蝇,这也说明了跳蛛不爱吃实蝇。

到底是实蝇的拟态欺骗了跳蛛,还是跳蛛不爱吃实蝇?这一扑朔迷离的问题还有待人们进一步去探索研究。

蟑螂是白蚁的祖先吗

全世界已知的白蚁有 2000 多种,主要分布在热带、温带地区,我国约有 100 多种。

动物学家把白蚁分为家白蚁和野白蚁两大类,它们都有钻洞营巢的习性。家白蚁蛀食木材等纤维材料,危害枕木、桥梁、房屋、堤坝等。野白蚁则主要蛀食森林地区的树木。根据美国亚利桑那大学的昆虫学家劳伦斯和恩格曼估计,野白蚁每年摄食的树木纤维的总数量为树木年生长量的 5%,对成片森林造成的危害更为严重。所以从这点上来看,白蚁应该属于有害昆虫。

白蚁是一类分工明确的群栖性昆虫。蚁群由繁殖蚁（雌蚁和雄蚁）、工蚁、兵蚁组成。雌蚁称作蚁后，雄蚁称作蚁王，它们的职能是繁殖后代；工蚁最忙，在群体内负责筑巢、修路、采食、取水、哺育幼白蚁、饲喂蚁王和蚁后等工作，维持整个群体的生活；兵蚁是蚁群中的卫士，负责保卫蚁群。区区白蚁，为什么具有像人类那样的社会分工呢？这个问题至今还没有令人十分满意的答案。

蟑螂学名蜚蠊，是最古老的昆虫之一，早在 3.5 亿年以前，就已经出现在地球上了，有"活化石"之称。目前，全世界已知的蟑螂超过了 2000 种。大多数种类生活在野外，与人类关系不大，少数种类与白蚁相仿，是有害昆虫。蟑螂有特殊臭味，经常偷吃各种食物，咬嚼衣服、书籍等，还排泄废物玷污食品。蟑螂体表带有多种病原体，易传播疾病。但它们又不同于白蚁，没有钻洞营巢的习性，也不是一类群栖性昆虫。

但是，不可思议的事情终于被发现了。20 世纪 80 年代，日本东京大学昆虫学家松木忠夫，通过对本国冲绳、奄美、德之岛、南九州、屋久岛等地区的蟑螂的习性和生态的考察与研究，发现了两种奇特的蟑螂。这两种蟑螂与其他蟑螂至少有三点不同：第一，它们不是把卵产于卵鞘内的卵生，而是胎生，每胎可产幼仔 20 只左右，甚至更多。第二，它们会蛀蚀木料来营巢，并以木纤维质为食。第三，它们过着一种家族式的群栖生活，每巢各有一对雌、雄成年蟑螂负责养育幼仔。母蟑螂产下的幼仔，喜欢聚集在妈妈周围或腹下。另外，这些胎生的蟑螂与常见的卵生蟑螂还有一点不同，出世以后不会独立生活，必须由母蟑螂把半消化的木纤维质反刍出来，再一口一口地饲喂它们。在饲喂过程中，母体肠道中分解、消化木纤维质的微生物，也一起进入幼蟑螂体内，为它们今后独自摄食、生活创造条件。

这种奇特蟑螂令松木忠夫百思不得其解。最后，他大胆地推测，提出了"奇特蟑螂可能是白蚁的祖先"的假设。他的依据有以下三条：一是蟑螂在地球上出现的时间比白蚁早；二是奇特蟑螂与白蚁一样，也有钻洞营巢的习性和食木纤维质的食性；三是奇特蟑螂的家族式生活习性，也许就是白蚁群栖和社会性分工的雏形。

对于松木忠夫的大胆而离奇的推测，不少科学家惊讶不已。名古屋大学昆虫学家龟冈提出异议，他认为这是不可能的事。因为在分类上，蟑螂属于昆虫纲中蜚蠊目，而白蚁则属于昆虫纲中等翅目，两者亲缘关系很远。至于这两种与众不同的奇特蟑螂，只能作为蟑螂的异种；再说迄今还未发现它们的化石，很难找出并证实奇特蟑螂向白蚁的过渡形式。这真是一个有趣的待解之谜。

海豚有多聪明

　　看过海豚表演的小朋友都知道，海豚在驯兽员的指挥下，一会儿顶球，一会儿钻圈，动作灵活极了。人们不禁赞叹：海豚真可爱！海豚真聪明！那么，海豚到底有多聪明呢？

　　有的科学家说，海豚和人一样聪明。法国著名科学家高尔·奥登甚至认为人的祖先是海豚。奥登是在对海豚的习性进行了多年的研究后，才得出了人类的祖先不是类人猿而是海豚的结论。他发现海豚跟人类相似的地方比类人猿还多。当然这一观点目前尚未被大多数科学家所接受。

　　但大多数科学家一致认为，海豚是非常聪明伶俐的动物。

这是因为海豚自身有出色的表现。它能准确无误地识别目标；能给潜水人员传递信息；经常救护海难中落水的人们；能几十年如一日地给危险海域的轮船领航；能在敌人海域侦察各种敌情，如在海湾战争中，美国部队利用训练有素的海豚探知对方的水雷部署，多次排除险情，保证了军舰顺利航行；能表演各种精彩的杂技节目等等。这一切就好像海豚在向科学家们宣布：我海豚的智商是动物界中最高的，我的智力仅次于人类，其他任何动物都无法跟我比拟。我们不仅智商高，而且还有思维能力，甚至还有自己的"语言"哩。待你们人类搞懂了我们的"语言"后，咱们就可以建立"外交关系"了。

为了搞清海豚这些自吹自擂的"宣言"，许多科学家正投身于海豚的研究。

科学家首先从解剖学的角度入手，看看海豚的脑细胞发育程度，这是智力和思维的基础。20 世纪 30 年代，日本的小川博士开始了海豚脑与人脑及其他动物脑的对比实验，经解剖研究，证明了海豚的大脑十分发达，平均脑重约 1700 克，比人脑还重。但它单位体长的脑重，即相对脑重量却比人的低，但比猴子和黑猩猩的高。海豚每米体长脑重为 0.55 千克，而黑猩猩才 0.21 千克。这就是说，海豚有比黑猩猩和猴子等灵长类动物更多的脑子来控制每 1 米长的身体。脑重与体重的比为：人类是 2.1％，海豚是 1.17％，黑猩猩是 0.7％。而且海豚的大脑皮层非常发达，上面布满了沟回，远远高于猕猴，仅次于人类。

可见，海豚的高智商是有物质基础的。那么，它究竟有多聪明呢？

约翰·黎里认为，它和人类一样聪明，因为它们也有自己的"语言"。他在 20 多年的研究中，录制了一套记录海豚声音的录音带。这个带子听起来，就好像是一个各种声音的大杂烩，有的像猪的哼哼声，有的像老鼠的吱吱声，有的像狗的吠声，还有喷喷声、哨声、咔咔声、嘎嘎声、锉磨声、尖叫声、呻吟声等，竟有 30 多种清晰可辨的声音。

黎里认为，这就是海豚自己的"语言"，只不过人类目前无法听懂罢了。

1962 年，科学家为了搞清楚海豚是否真的有"语言"，进行了如下的实验：他们在海豚的实验池中，设计了一个人工障碍，使海豚不能顺利通过。实验池中有 5 只海豚。科学家发现：这 5 只海豚很鬼，先派出 1 只前往人工障碍处进行一番侦察。侦察后，这只海豚先发出一阵叫声，将它侦察到的情况报告给同伴，然后，再游回到同伴身边，又发出一阵哨子似的叫声。接着这 5 只海豚一起"嘀咕"了一阵子，好像在商量什么对策，最后便一起游向人工障碍，并顺利而巧妙地绕过了人工障碍。这个实验证明：海豚发声具有一定的信息联络作用，类似"语言"的联络。

为了进一步了解海豚会不会彼此进行"语言"联系，科学家贾维斯·巴斯汀设计了一个复杂的实验：把一条雄海豚和一条雌海豚放在一个特制的容器里，给雌海豚既照射连续光，又照射闪光。雄海豚既不能看到光，又见不到雌海豚。实验的任务是这样的：给雌海豚照射连续光时，让它必须紧压一下它的右鳍，并发出叫声来"告诉"雄海豚也来紧压一下它的右鳍。如果出现闪光时，雌海豚必须紧压一下它的左鳍，并再次发出叫声"告诉"雄海豚也紧压一下它的左鳍。只有当海豚正确地完成这种反应时，才赏给它们鱼吃。这个实验的关键在于雄海豚既不能看见光，又不能看见雌海豚，它的反应只能通过雌海豚发出的"语言"来实现。结果海豚每次都能作出正确的反应。

美国加利福尼亚大学的巴恩博士，也做了一个类似的实验。他把一只雌海豚和一只雄海豚隔开一定距离，使它们相互之间，只能听到而不能看到对方，然后训练雌海豚"告诉"雄海豚推动两只浮标中的一个，做对了，才能得到食物。实验的结果，也证实了雄海豚能照着雌海豚的"话"去推动指定的浮标。巴斯汀和巴恩的实验都证明了海豚能用"语言"来交流信息，联络思维。

　　但也有不少科学家不同意上述两位学者的观点。他们认为,海豚的上述行为和前苏联科学家巴甫洛夫用狗做的实验一样,只不过是一种"条件反射"而已。换句话说,海豚也和狗一样,只有条件反射,并不能理解"语言"。他们在巴斯汀的实验基础上,继续进行了无数次实验。后来,他们让雄海豚自己能够见到光,甚至干脆把雄海豚从容器中移出去。结果雌海豚仍然会继续紧压它的左鳍或右鳍,并发出相应的叫声。这说明它的叫声与它同雄海豚进行交际的愿望毫无关系。它所以要这样做,只不过是条件反射,它相信紧压左鳍或右鳍,并发出相应的叫声会得到鱼吃,它根本不关心是否给雄海豚喂过鱼吃。雄海豚也不比雌海豚精明多少,它也是形成了条件反射,知道把左鳍或右鳍紧压一下并同雌海豚的某种叫声联系起来,这样做就有鱼吃。

　　但美国科学家哈曼认为,海豚有"语言"理解能力。在美国夏威夷大学里有一间卡洛瓦海洋哺乳动物临海实验所,实验所里有一个海豚语言实验室,实验室里住着两只聪明的海豚。一只雄海豚名叫菲尼克司(是希腊神话中的"长生鸟");另一只雌海豚名叫阿凯亚加麦(夏威夷语是"智慧的恋人")。科学家哈曼教授领导的海豚语言研究小组,就在这个装备有电脑等精密设备的研究大楼里,同这两只海豚朝夕相处,开展了海豚语言能力的研究。他们研究的目的并不是想要海豚会说"人话",而只是要它们能够理解"人话"的意思,来了解它们潜在的语言能力到底有多少,了解海豚究竟有多聪明,从而进一步沟通人类和海豚的语言交往。

　　教授们利用两种不同的方法来教海豚学习人类语言。对雄海豚菲尼克司是用电脑制造的声音来教;对雌海豚阿凯亚加麦则用聋哑学校使用的哑语——手势语言来教。

经过两年的训练实验，它们已掌握了 30 多个单词，并学懂了由这 30 多个单词组成的 1000 多个短句，如拿球、向左、向右、向上、向下、大的、小的等等，简直出人意料。后来它们学懂了由 5 个单词组成的短句，如"底环拿上来"，意思是说，把沉在水底的铁环拿到水面上来；"用铁环套球"，意思是说，用铁环把球套住。凡此种种，只要训练员利用电脑按一定的次序发出"指令"，海豚就能照电脑"说"的去办。

实验证明，海豚是能听懂"电脑发出的简单语言"的。

用哑语教的雌海豚同样也可以学会这些简短语言。

实验证明，海豚的聪明程度在动物界是惊人的。但它对人的语言理解潜力究竟有多大？它到底有多聪明？目前仍没有明确的答案。

现在的最大问题是，人类听不懂海豚的"语言"。海豚的语言声波是在超声波的波段，而人类的语言声波是在可听声波波段上。

若是海豚通过训练，能理解人类更多的"语言"内容，那么人类就可以通过电脑作为"翻译家"，把人类的指令语言变成电脑发出的超声波语言，来指挥海豚为人类更好地服务。这样，人类就可以通过海豚去了解地球上尚未开发的三分之二领域——深海世界了。

海豚为何总梦游

　　你听说过吗？有的人在睡着觉的时候，会翻身起床挑水，劈柴，烧火，做饭，忙乎一阵子后，又回到床上继续酣睡，真是干活睡觉两不误。这种现象俗称"梦游"，医学上称为"觉醒状态下的睡眠"。

　　做梦人人都会，但梦游就不那么普遍了。就是有梦游史的人，一辈子也只是发生一次或几次而已，绝对不会天天梦游。

　　可是，海豚就不同了。它的睡眠十分特殊，它就是一辈子总过着梦游生活，每天每夜都是如此。这在动物界里是十分罕见的。

人类自从认识海豚以来，就从没有人看见过它睡觉。

所以，过去人们推测海豚也和鱼一样，是在水里睁着眼睛歇一会儿，就算睡觉了。动物学家说，这不行，因为海豚是用肺呼吸的，这样会被呛死的。

后来，动物学家分析认为，海豚应该躺在水面上睡觉。但是又没有任何一个人见过肌肉松弛地躺在水面上的海豚。难道海豚不需要睡觉？这不可能，这完全违反生理学原理。

于是，美国动物学家里利，想通过实验来搞清楚海豚这个谜。他推想：海豚是在呼吸间隔的一瞬间进行睡觉的。他把海豚放在实验台上，然后给它注射一定剂量的麻醉剂（即催眠剂），海豚便开始酣睡。可是，半小时后，海豚的呼吸越来越弱，最后心跳停止了。他想可能是催眠剂用量太多了，就改用小剂量。剂量一减再减，直至最小。不幸的是，最小剂量的催眠剂也会使海豚停止呼吸，造成死亡。

他想，一切哺乳动物，在适度的麻醉或催眠状态下，都能进行呼吸和心跳，为什么海豚不能呢？他因此推论：海豚是在"觉醒状态下睡眠"的。换句话说，海豚一生都是在梦游中度过的。

是这样的吗？搞清楚海豚这种特殊睡眠之谜，将有助于研究人类的睡眠。各国科学家都在开展进一步的研究。

1929 年，德国学者汉斯·伯格首次用电极插入自己和别人的头皮下进行实验研究。他发现，人在清醒和安详的情况下，脑电图记录仪上会出现 α 波；当人受惊或入睡后，这个波就消失了。

1937 年，哈维、卢米斯和浩柏特 3 个人研究了许多整夜入睡的人的脑电图。结果发现,入睡人的脑细胞并不是全部都休息,而是一部分"入睡",另一部分"苏醒",并且"入睡"与"苏醒"交替进行。那些"苏醒"的细胞群就是支配入睡人呼吸、心跳、眼颤、做梦、梦游等活动的细胞。

为了证实里利的结论,科学家将微电极插入海豚的大脑,记录其脑电波变化,同时还详细地测定了海豚头部有关肌肉、眼睛、心跳活动及呼吸情况,结果完全证实了里利的结论。海豚和其他哺乳动物一样也需要睡觉,并且睡眠十分充裕。睡眠中,呼吸、心跳等照常进行,只有一点与众不同,那就是在睡眠中海豚依然在游动和觅食。

科学家进一步研究发现,睡眠中的海豚,大脑两半球所处的状态不同。当一个脑半球处于"入睡"状态时,另一个脑半球却在"苏醒"中,而且,每隔十几分钟,它们的活动状态变换一次,很有节律。

看来,海豚的绝招在于它的大脑两半球能左右轮换着睡觉,这样"上班"、"睡觉"就两不误了。

那么,海豚左右大脑轮换工作的开关在哪里? 又是由谁来控制的呢?

20世纪40年代,法国科学家皮埃欧认为,海豚血液和脑髓中的"催眠素"主管睡眠开关。他把几夜不眠的狗的血清和脑髓注射到处在正常觉醒状态的狗身上时,后者很快就昏昏入睡了。可是人们发现,一对具有共同血液循环系统的连体孪生子,他们的睡眠时间却各不相同。若是由血液中的"催眠素"来主管睡眠的话,那一对具有同一循环系统的连体孪生子,就应该同时入睡,同时觉醒。事实并非如此,这就否定了皮埃欧的观点。

到了80年代,瑞士生理学家通过实验又发现,经过电刺激而入睡的动物,脑子里确实会分泌出一种物质,并通过血液分布到全身。若把这种物质注射到其他动物的脑血管内,也能使被注射的动物昏昏入睡。

实验继续在深入。哈佛大学的卡诺吾思奇教授,进一步成功地分离出与睡眠有关的物质,叫葡萄糖六磷酸酯。但它仍然不是那种主管睡眠开关的物质。

1996年,美国科学家利福特·塞帕研究发现,大脑深处的一小块细胞群具有睡眠开关的作用。当它接通时,所有与唤醒知觉有关的大脑细胞都被关闭,反之当它断开时,大脑开始苏醒。

这一小块细胞群是在后丘脑前部腹外侧视叶前神经元处,约有2万至4万个细胞,能产生一种特殊的神经传感器,来主管睡眠开关。

不过,这仅仅是发现了开关所在。这个开关到底是由谁来主管的呢? 目前,这仍是一个悬而未决的问题。一旦这个谜被解开，人类也将可以用两个大脑半球轮流睡眠和工作，这将会改变整个人类社会的面貌。

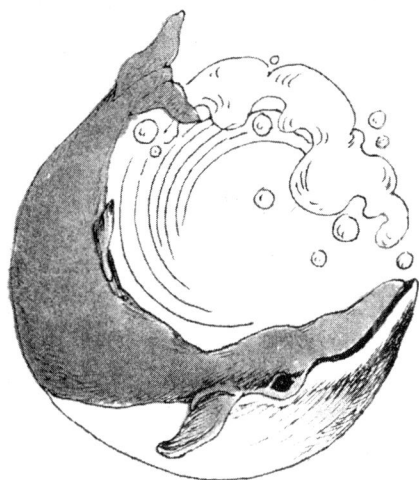

鲸鱼是"自杀"还是"他杀"

千方百计维护自己的生存,是一切动物(包括人类)的天性。但是在世界各地,古今中外,却不断发生动物集体奔向死亡的壮举。

早在公元前 4 年,我国汉代著名史学家班固所著的《汉书·五行志》一书中,就记载了在我国山东渤海莱州湾,有 7 条鲸鱼集体自尽。这是世界上关于鲸鱼集体"自杀"的最早记载。在国外,古希腊哲学家普卢塔赫(生于公元 46 年,死于公元 126 年)所著的《各种动物的才能》一书中也对鲸鱼集体"自杀"有记载。而后直至今日,有史料可查的鲸鱼"自杀"案已有几百起,身亡的鲸鱼共有几万条,最大一次共死去 835 头鲸。

看来"自杀"案绝非偶然。那么鲸鱼究竟是心甘情愿地"自杀",还是受到某种迫害十分无奈地被"他杀"呢?

这个问题引起了许多"科技侦探"的兴趣,但又使他们感到头疼。最早定论"自杀"的人,是古希腊哲学家普卢塔赫,但是他没有什么证据,只是从伦理上认为,这些鲸鱼反常地自己跑到浅滩上寻死,肯定是"自杀"。从此,只要有此类"案件"发生,都被科学家定为"自杀"。

但是,1937 年,科学家对堪察加半岛海滩上鲸鱼死亡事件,进行了详细的调查研究,证明鲸鱼是"他杀",并不是"自杀"。他们的证据是:大量的材料确认,鲸鱼的集体死亡,是由大幅度的水位变动引起的。例如显著的大潮、极大的暴风雨、大的海啸等都能引起大幅度的水位变动。是这些外来的自然"杀手",把鲸鱼"谋杀"于海滩上的。

1962 年,荷兰科学家杜多克研究了 26 种鲸鱼,共计 133 桩"自杀"案例的史料,也支持"他杀"的观点。他发现,鲸鱼死亡的场所,通常总是在低海岸,水下是沙滩、沙地,或者是淤泥的地区,再不就是远远地伸到海里去的海角。这些地区,碰上恶劣的风暴等条件时,气泡物质、泥沙或淤泥会从海底泛起,恶化了回声定位条件,从而干扰了鲸鱼对回声信号的接收,使得鲸鱼迷失方向。这就好像喝醉酒的醉汉,跑上了高速公路,而被汽车压死一样。

前苏联生物学家托米林不同意杜多克的观点。托米林通过对 100 多桩鲸鱼"自杀"案的研究,认为鲸鱼并不是"他杀"而是"自杀"。不过它们的这种自杀,是很不情愿的。其实鲸鱼并不想"自杀",只是为了保护同类,不得不这样做。它们为

了救护同伴,完全将自身安危置之度外,不顾一切,勇往直前地向求救信号方向冲锋,直至献身。

20世纪80年代,美国地球生物学家金斯彻维克不同意苏联学者的观点。他把史密森博物院一张记录美国东海岸212桩鲸鱼"自杀"事件的地图,跟美国地质调查局绘制的一张关于该地区磁力地形图联系起来分析,结果,惊人地发现"自杀"事件往往发生在磁力较低或极低区域。所以,他认为,鲸鱼集体死亡不是"自杀",完全是"他杀"。"杀手"是"低磁力"。

20世纪80年代末,日本宫崎医科大学的森满保教授也支持"他杀"观点,但他认为"杀手"是寄生虫。他从1982年至1986年先后解剖了8条"自杀"鲸鱼,发现都是寄生虫致使鲸鱼的听神经发生了病变,从而导致其声呐系统失灵,误入歧途。

20世纪90年代初,现代分子生物学家发现,大肠杆菌在被病毒入侵时,其体内的 T_4 蛋白会被病毒的多肽激活,从而迅速地切断大肠杆菌体内蛋白质的合成,导致大肠杆菌死亡。这种现象,生物学上称为"利他自杀"。其自杀指令来自遗传基因。细胞内有两种特殊的酶,即限制酶和修饰酶。限制酶的功能是切断遗传基因的合成,从而引爆细胞,使细胞自杀。修饰酶的功能是拔掉爆炸装置的"引信",使细胞安然无恙。只有当遗传基因发出明确的"引爆指令"时,修饰酶才交出"引信",让限制酶执行"引爆"任务。

分子生物学家认为,当这些鲸鱼的存在已经对鲸鱼群体构成生存威胁时,它们细胞内的限制酶便启动了鲸鱼的自杀程序,使鲸鱼的大脑中枢收到了明确无误的"自杀"命令。所以它们奔向死亡是完全自觉的自我了断行为,纯属"自杀"。

如果真是这样"利他自杀"的话,那又由谁来安排这部分鲸鱼去自杀,从而保护其他鲸鱼的呢?

若能搞清楚这个谜,将对人类研制抗癌药物会有新的启发。人们可以研制出一种药物,去启动各种癌细胞的自杀机制,从而在机体内部"引爆"癌细胞。

鲸鱼不患"潜水病"之谜

　　大家知道,水的深度每增加 10 米,其压力就增加一个大气压。为了抵消这种压力,就必须给潜水员供应与水压相当的加压空气。加压空气的压力太高时人又会吃不消。经过特殊训练的潜水员,最高能耐受 7 个大气压。也就是说,人的潜水深度最多为 70 米,而且在水下的时间不能太长,更不能很快上浮。若很快上浮,水压骤然下降,血液中的氮气就会形成气泡,引起组织破坏、血管产生气栓等身体变化,严重时会窒息死亡。这就是常说的"潜水病"。为了避免潜水病,潜水员上浮时,必须缓慢上升或进入减压舱,慢慢减压,使血液中的氮气经过肺部排出,才能保证安全。

一般来说,人在水下工作 1 个小时,上升减压就需要十几个小时。但是鲸鱼等海兽,虽然也是用肺呼吸的,却能长时间在深海里潜游。潜游最深的要算是抹香鲸了,其潜水深度可达 2200 米(这里的水压为 220 个大气压),并能很快地自由沉浮,安然无恙,从不出现"潜水病"。这是为什么呢?

多年来,许多科学家对此进行了大量的观察研究。

最初,有的科学家认为,鲸鱼是靠体内有益细菌的帮助,而不得潜水病的。他们猜测,在鲸鱼血液中有一种噬氮菌,这种菌能够大量吸收氮气。当鲸鱼深潜时,它能很快把鲸鱼体内多余的氮气消耗掉。但科学家经过对活鲸和死鲸的解剖,都未发现鲸血中有这种噬氮菌存在。

后来,科学家认为,鲸鱼不得潜水病是气管中有特殊构造的缘故。他们在鲸鱼的气管中发现一种油状细胞,这种油状细胞的吸氮能力极强,是血液吸氮能力的 6 倍。空气只要经过气管,氮气就会被这种油状细胞吸收。

1940 年,科学家斯科兰德提出了一个假说:鲸鱼不患潜水病是肺泡停止交换气体的缘故。他提出,当鲸鱼在潜水时,

胸腔会随着外部水压的增大而收缩,肺部也随之缩小,肺泡就被挤瘪了,就不可能进行气体交换了。这样一来,氮气自然就不会再溶解到血液中去了。

他把两只青蛙放进高压气体容器内进行实验。一只青蛙完全浸入水下,让它屏住呼吸(肺泡不交换气体);另一只青蛙的鼻孔露出水面,使其能正常呼吸。然后给容器内加压,达到相当于 500 米水深的压力(即 50 个大气压)。30 分钟后,打开活塞,突然减压,使容器内急速恢复到普通大气压的状态。结果是,鼻孔露出水面的那只青蛙死去了,呆在水下的却安然无恙。

1969 年,科学家里奇韦用海豚做实验。他发现,海豚潜水至 100 米～300 米时,肺中的二氧化碳含量几乎没有增加,氧气也没有减少,说明海豚在潜水时,肺泡确实停止了气体交换。这两个实验都证实了斯科兰德的假说。

后来,科学家又对其他海兽进行了测试,也惊喜地发现海兽潜水时,它们的肺泡都停止了气体交换。

可是,鲸鱼等海兽在水下活动是离不开氧气的。肺泡停止了呼吸,怎么不会被憋死呢?

科学家进一步观察研究发现,它们潜水时,并不是从肺泡里得到氧气,而是从其他四条渠道获得。

第一条渠道:由"外加肺"来供给。鲸鱼的右鼻孔不是用来呼吸的,而是一种特化的"贮气室"。它在水面上吸进大量空气后,就通过支气管的软骨环把"贮气室"的空气关闭起来,供潜水时用。"贮气室"的贮气量和肺的贮气量相等,所以相当于一个"外加肺"。当肺泡停止气体交换时,一部分氧气可由这个"外加肺"供给。

第二条渠道:由血液和肌肉来供给。陆地哺乳动物的氧气有34％来自肺。而鲸鱼等海兽潜水时,只有9％的氧气来自肺,其余的大部分来自血液和肌肉,而且它的肌红蛋白对氧的亲和力又特别强,是陆生哺乳动物的8到9倍。这样,当鲸露出水面换气时,氧气很快和肌红蛋白结合,形成结合状态,一旦潜入水底,肺泡停止气体交换时,肌红蛋白就逐渐地释放出氧气供体内代谢用。

第三条渠道:靠高效率的换气量。陆上哺乳动物呼吸一次通常只能更换肺中15％的气体,而鲸鱼可以更换80％～90％。这样,每呼吸一次,它体内就可以贮存大量氧气。

第四条渠道:靠节约氧气消耗。鲸鱼在潜水时,心跳减慢,潜水越深,心跳越慢,这样血液循环就减慢了,供血量也大大地减少。于是它就只好关闭一部分血液循环(不太重要的器官停止供血),血液只重点供给脑和心脏的需要。这就大大地节约了氧气消耗。

但是鲸鱼在深潜时,心跳减慢,肺泡停止呼吸,然后通过上述一系列的生化反应来维持正常的生命活动，这一切是由谁来控制的呢？这仍然是个谜。

噬人鲨会主动袭击人吗

在鲨鱼王国里,噬人鲨臭名昭著,许多人认为它胆大狡猾,残暴贪食,是辽阔海洋里横行不法的暴徒。

的确,在所有食肉性鲨鱼中,论个头之大,噬人鲨数第一。通常,它体长在 6 米～9 米之间,最大者可超过 12 米。再说,噬人鲨的嘴巴很大,牙齿不但大,而且既尖锐又坚固,呈三角形,边缘上还长出许多细锯齿,透出一股杀气。据记载,噬人鲨性情凶猛,不仅捕食头足动物、较大鱼类、海狮和海豹,而且有袭击渔船和噬人的记录,因而得了个"噬人鲨"的恶名。噬人鲨分布广泛,在热带、亚热带和温带海洋里都有它的足迹,我国沿海也出现过，因而影响较大。

在全世界已知的 250 多种鲨鱼中，噬人鲨是其中极少数会袭击人类的鲨鱼中的一种。现在的问题是，噬人鲨会不会主动袭击人？对于这个问题，有三种不同的观点。

第一种观点认为，噬人鲨会主动袭击人。持这一观点者，列举了大量事实，例如：(1) 1916 年，在美国的新泽西海岸，人们发现噬人鲨袭击了 5 名游泳者，其中 4 人丧命，1 人被咬去一条大腿。(2) 1953 年，一艘渔船在加拿大的布鲁顿角岛附近航行时，突然遭到一条噬人鲨的攻击。当时，这条鲨鱼猛撞渔船，把船身击破了一个洞，顿时海水大量涌入，渔船沉没，船上的渔民全部遇难。(3) 1964 年，在美国加利福尼亚的法拉荣群岛附近，一个名叫杰克的潜水员被一条鲨鱼咬伤，但仍幸运地活着。后经外科医生检查，发现受害者的腿里有一块鲨鱼牙齿断片。经当时的动物学家鉴定，这块牙齿断片是属于噬人鲨的。(4) 20 世纪 80 年代。有一天，一名潜水员从 70 米的深海处向水面上升时，突然叫喊"救命"；另一名潜水员闻声快速游去，发现血已染红了附近的海水。当呼救者用尽力气到达水面时，一条噬人鲨也紧跟而到。此刻，抢救的潜水员眼明手快，把受伤者一把拖到了小船上，受伤者才脱离了危险。

第二种观点认为，噬人鲨未必会一见人就袭击。持这种观点的海洋生物学家认为，至今人们对鲨鱼的性情和行为的认识仍然肤浅，带有一种偏见，认为它们是伤害人类的坏家伙。其实，在正常的情况下，鲨鱼不会咬人。极少数袭击人的鲨鱼，一般也不会毫无原因地去伤害人。因为鲨鱼的鼻子十分灵敏，听觉也很好，血迹气味、游泳人拍打海水的声音或突然的猛烈动作都会惊动它,使它觉得受到了威胁,因而会出来,甚至袭击人。如果鲨鱼真的袭击人,那仅仅是"咬了就放",其目的并非要吃人,而是为了警告来者。众所周知,倘若一位陌生人侵犯了一条狗的领地,它常常会狂吠,甚至咬人,可是这种情况在野生鲨鱼中极为罕见,人不可能经常闯入鲨鱼的领地。与鲨鱼结交26年的美国海洋生物学家尤金妮亚·克拉克说:"全世界每年大约只有50人受到鲨鱼的袭击,其中10人丧命。所以我们深刻地体会到,与鲨鱼结伴游泳,要远比在高速公路上驾驶汽车安全得多。"

　　第三种观点认为,噬人鲨不会主动袭击人。最竭力主张这一观点的,却是一位惨遭噬人鲨伤害的人,听来确实使人惊讶。他是澳大利亚长期从事捕捉噬人鲨的潜水员,名叫罗德尼·福克斯。1963年,他遭到一条噬人鲨的残忍袭击,被及时送到医院抢救,伤口缝了462针,至今,在他的身体左侧还留有一个巨大的伤疤。这是噬人鲨袭击人的一个见证。

　　令人惊奇不解的是,福克斯不但不仇恨噬人鲨,而且还说:"我不责怪噬人鲨,因为我在水中与噬人鲨结伴已有多年,只要恪守和平共处的原则,它们决不会找我的麻烦。我那次用鱼叉使那条噬人鲨大量出血,所以它才咬了我一口,可是它却让我逃生,否则我早就没命,不在人世了。"福克斯的这一番话,得到了不少海洋生物学家和自然资源保护者的支持和赞赏。

各方的分析都很有理有据,这就使"噬人鲨会不会主动袭击人"成了一个悬案。

鲨鱼抗癌的秘密武器

迄今为止，癌症仍然是威胁人类生命的主要疾病之一，而且目前科学家仍未找到治疗癌症的特效药物。因此，寻找抗癌治癌良药，已成了科学上的一座难攻的堡垒。

生物学家发现，鲨鱼的身体异常健康，它们即使受了极大的创伤，也能迅速痊愈而且丝毫不会发生炎症，更不会感染疾病。

美国著名的生物化学博士鲁尔，在世界闻名的玛特海洋实验室工作，他对鲨鱼的生理和病理做了长期的研究。在 25 年间，他先后对 5000 条鲨鱼进行过病理解剖研究，只发现一条鲨鱼生有肿瘤,而且还是良性肿瘤。

全美低等动物肿瘤登记处,在 16 年的纪录中,鲨鱼患癌症是最少的。鲁尔还发现在科学家所调查的 25000 多条鲨鱼中,只有 5 条长有肿瘤,并且只有 1 条的肿瘤被怀疑为恶性肿瘤。鲁尔的这个发现,引起了科学家对鲨鱼的极大兴趣,各国科学家都开始了对鲨鱼的研究。

美国佛罗里达州的科学家曾用一种极猛烈的致癌剂——黄曲霉素去饲喂须鲨。在将近 8 年的饲喂实验中,未发现一条鲨鱼长出一个肿瘤。可见鲨鱼的抗癌能力是极强的。那么,它的抗癌绝招是什么呢?

有的科学家认为,鲨鱼的抗癌绝招是它的肌肉里能产生一种化学物质。这种化学物质能抑制癌细胞生长,因此不易患癌。

鲁尔博士则认为,鲨鱼的肝脏能产生大量的维生素 A。实验证明维生素 A 有使刚开始癌变的上皮细胞分化,恢复为正常细胞的作用。所以鲁尔认为保护鲨鱼免于患癌的秘密武器是维生素 A。

　　另一些科学家则认为,鲨鱼的血液中能产生一种抗癌物质。我国上海水产学院的科学家也支持这一观点。1984 年,他们从鲨鱼的心脏中采血,然后提取一定浓度的血清,再把它注入人体红血球性白血病细胞株中(是一种血癌)。经过一段时间,他们发现一些癌细胞的正常代谢作用被破坏,大部分癌细胞已死亡。这说明鲨鱼的血清具有杀伤人类红血球性白血病肿瘤细胞的作用。可见鲨鱼的血液中有抗癌物质。

　　还有科学家认为,鲨鱼的软骨组织中有秘密武器。从前,科学家已发现:牛犊的软骨有一定的防癌作用。1982 年,美国麻省理工学院的科学家朗格尔,在研究中发现:鲨鱼的骨骼全部由软骨组成。这些软骨组织中有一种能阻断癌肿周围的血管网络的化合物,它能断绝癌细胞的供养而使癌肿萎缩,同时能杀死癌细胞。他通过实验证实了,鲨鱼软骨中的物质能完全阻止癌细胞的生长而无任何副作用,其抗癌作用比牛犊软骨中的物质强 10 万倍。

　　美国哈佛大学科学家,试用鲨鱼软骨提取物,治疗 32 个晚期癌症病人,结果 11 人治愈,其余人的癌肿也明显地缩小了。

　　1991 年,墨西哥康脱拉斯医院,用鲨鱼软骨提取物治疗晚期癌症病人 8 例,他们的癌细胞不同程度地缩小了30%～100%。

　　分子生物学家扎斯洛夫认为,鲨鱼的抗癌武器在胃部。他在实验研究中发现:鲨鱼的胃部能分泌一种叫"角鲨素"的抗菌素,它的杀菌效力比青霉素还强,并且它还能同时杀死原生物和真菌,还能抗艾滋病和癌症。

　　结论真是五花八门。

鲨鱼抵抗癌症的秘密武器到底是什么,现在仍是个谜。相信,这个谜被揭开之时,便是人类送走癌症瘟神之日。

龟的长寿秘密

被视为迟钝化身的龟，不仅是地球上幸存至今的最古老的动物之一，而且还是公认的动物界的"老寿星"，民间有"千年王八万年龟"的说法。龟的寿命到底有多长呢？

一般情况下，龟的寿命都在几十年至上百年，有的可达300年以上。但在龟的王国里，不同龟种，寿命长短不一，有些种类的龟只能活十几年。

1737年，人们在印度洋的埃格孟塔岛曾捕获一只象龟，经科学家鉴定，此龟当时的年龄为100岁。这只象龟被送到了英国伦敦动物园，到20世纪50年代，仍然活着，已经活了

300 多年。

根据报道:1980 年 6 月 11 日,韩国一个名叫金权的渔民,在沿海捉到了一只身长 1.5 米,体重 90 千克的海龟,经科学家鉴定,此龟寿命为 700 岁。

我国浙江省瑞安县仙岩乡农民黄忠奎曾在仙岩山区田间捉到一只龟,此龟身长 25 厘米,体重 520 克,据专家鉴定,这只龟已有 800 岁。

龟的寿命为什么这么长呢?

300 多年前,有的科学家提出,龟的寿命与龟的身体大小有关。科学家经过多年的观察研究发现,各种动物寿命的长短和动物的大小存在着一定的比例关系,如老鼠的寿命比鹅、鸭的短,而鹅、鸭的寿命又比马、鹿的短,后者又比大象的短。而且有记录可查的长寿龟也都是大个子龟,如象龟、海龟等。

1749 年,科学家柏芬认为动物的寿命与身体的大小无关,而与生长期有密切关系。他在几十年中,进行了大量统计研究,提出了著名的理论:动物的寿命是它们生长期的 6 倍～7 倍。如人类的生长期为 14 年～16 年,寿命应为 90 岁～120 岁。事实上,大多数动物的寿命都符合这一理论。

1882 年,科学家魏司曼不同意柏芬的观点,因为他发现有些鹦鹉的生长期只有两年,但寿命却极长,可达 70 岁以上。另外,绿海龟的生长期也只有 2 年～4 年,而它的寿命却在百年以上。

然而,动物的寿命与身体大小有关的观点更是站不住脚。如我国黄忠奎捉到的乌龟,只有 520 克重,却已有 800 岁了。又如上海自然博物馆有一只大头平胸龟的标本,论个头远不如象龟和海龟大,可是它的背甲上刻有"道光二十年"(1840

年)的字样。这分明是为了记事用的。这年中国发生了鸦片战争,这只龟是 1972 年在长江里捕获的,从刻字那年到捕获时,已经活了 132 年。再如,抹香鲸算是世界上最大的动物了,但其寿命也没有龟的长。

20 世纪初,科学家奥斯塔雷提出:脊椎动物寿命的长短与食物的性质有密切关系。他认为草食性的动物寿命长,肉食性的动物寿命短。养龟专家也同意这一观点,因为他们发现以植物为食的素食龟的寿命一般要比吃肉和杂食龟的寿命长。例如生活在太平洋和印度洋热带岛屿上的象龟,以青草、野果和仙人掌为食,寿命特别长,可以活 300 岁以上。但是另一些龟类研究人员却认为不一定是这样。比如,以蛇、鱼、蠕虫等动物为食的大头龟和一些杂食性的龟,寿命也有超过 100 岁以上的。人类学家和营养学家对人类中的素食者进行研究后发现,他们的营养状况远不如非素食者的好,寿命也比不上非素食者的长。

20 世纪 50 年代,有些学者又从解剖学、生理学的角度来研究龟的长寿秘密。解剖学家和医学家把龟的心脏取出后,发现它竟然还能够跳动达两天两夜之久!为何如此?科学家认为:这跟"龟息"有关。所谓"龟息",就是乌龟的特殊呼吸方式。龟由于没有肋间肌,呼吸时,必须利用口腔下方一降一升的动作,才能将空气吸入口腔,并压送至肺里。另外,由于它在呼吸时,头足一伸一缩,肺也一张一收。正是这些特殊的呼吸动作,才使乌龟得以长寿。但科学家发现,青蛙的离体心脏,在实验室条件下,也可以跳动两天以上。

有的科学家认为,乌龟的长寿与它的形态有关。乌龟有一副坚硬的甲壳,它的头、尾、背、腹和四肢都能被遮裹住,避免了其他动物的伤害。但海螺、海贝也具备这些特点,寿命却远不如龟。

有的科学家认为,龟类长寿,同它们的"节能术"有关。龟类行动迟缓,新陈代谢较慢,具有耐饥耐旱的生理机能。它在恶劣的环境里不吃不喝能忍耐好几年。在这种环境里,它把基础代谢降低到最低水平,甚至能处于休眠状态达 20 年。例如我国著名史学家司马迁在《史记·龟策列传》中写道："某地一老人,用龟垫床脚。20 年后,老人病故,子孙移其床时,发现那龟还活着。"也许,这种节能术就是它的长寿绝招。

1961 年,科学家海弗利克和穆尔黑德从细胞学的角度来研究动物的寿命。他们将寿命较长的动物和寿命较短的动物体内的细胞分离出来,进行体外培养。发现,寿命越长的动物,细胞在体外培养时,繁殖传代的次数就越多;相反,寿命越短的动物,传代次数越少。研究表明,马的传代次数只有 20 代,人的传代次数为 50 代,龟的传代次数可达 110 代。可见,龟的寿命长,是跟它的细胞繁殖代数较多有密切关系。

科学家进一步研究发现,细胞繁殖代数受生物体内的遗传物质和免疫系统的控制。

最近科学家发现跟寿命关系最大的免疫系统叫"T 细胞"(是白血球的一种)。随着人或动物的衰老,T 细胞也随之衰老。人类 T 细胞的全部分裂过程是 50 次。龟类 T 细胞的全部分裂过程是 110 次。

能不能把 T 细胞趁年轻的时候储存起来,在衰老的时候再补充进去,从而达到恢复青春,延长寿命的目的呢?

科学家在老鼠身上进行了试验。把幼年老鼠血液里的 T 细胞提取出一部分,用低温冷冻法储藏起来,直到那老鼠老到行动跌跌撞撞时,再把冷藏的它幼年时的 T 细胞注射到它身上去。结果,奇迹出现了,那老鼠真的返老还童了,又恢复了幼年时的活力。年轻 T 细胞大大延长了这个老鼠的寿命。

那么,能不能把长寿龟类的 T 细胞提取出来,通过生物工程技术，注射到老年人类身上，使人类也能活到几百岁呢？看来，只有把龟类长寿的秘密彻底搞清楚，这个愿望才能实现。

五个一工程入选作品 ● 少儿书系

海龟的"导航仪"是不是"多媒体"

海龟也和候鸟一样,每年(或几年)都要随季节迁徙一次,而且迁徙的路线只是往返于繁殖产卵出生地与成长、发育的生活区之间。但两地相隔足有 2000 多千米,航程超过 6000 千米以上。

科学家曾用"标记法",将实验用的绿海龟都标上记号。结果在 30 年的研究中,没有任何一只加了标记的绿海龟游到别处去筑巢繁殖后代的,个个都回到了自己的"家乡"。绿海龟只在南大西洋阿森松岛上繁殖产卵,孵出的小海龟立即下海,游向外海,横渡 2240 千米的大西洋,游往巴西海岸附近的栖身地,觅食生长。成年后,每隔 3 年~4 年,经过重重恶浪,千里迢迢,历时 4 个月,准确无误地又都回到了阿森松岛的繁殖地,进行产卵繁殖。在茫茫大海里,人类要是没有指南针或雷达等导航系统的帮助,一定会迷失方向的。而海龟竟没有一个迷失方向的。可见它必有先进的"导航仪"。这"导航仪"是什么呢?

美国的一名科学家认为,海龟的"导航仪"是一个"罗盘"。他推测,海龟是用"生物罗盘"作为它的"导航仪"的。于是他设计了一套实验装置,来证实他的推想。他使用佛罗里达红海龟(这种海龟只在佛罗里达东海岸繁殖,在墨西哥湾流成长生活)做实验。他把幼龟放入直径为 1 米,装满海水的特别容器里,并安装一个用玻璃纤维制作的圆盘形卫星天线。幼龟被套在一个尼龙网里,拴在一个杠杆臂上。杠杆臂在水平面内可自由转动,很容易被游动中的幼龟拨动,因此,能可靠地跟踪显示海龟的位置。隔壁房间,专门安装一台用导线与杠杆臂相连的图形记录仪和计算机,连续记录海龟的游动方向。圆盘周围有 5 个正方形的线圈,用来产生磁场。最初,在磁场的东方设置一组光线暗淡的照明灯,模拟海洋反射的月光和星光。幼龟则向这个相当于大海的方向游动。约 1 小时后关灯。在黑暗中,幼龟就像迷失了方向似的,绕着卫星天线圆盘打转转,但几分钟后,便情绪稳定下来,沿着某一特定方向游动。而这个方向恰好就是从佛罗里达东海岸朝墨西哥湾流游去的方向。

然后,他又改变电流,使幼龟所处的磁场与原来的相反。结果,幼龟便朝着相反的方向游动。可见,幼龟确实能感知地磁场,并用它体内的"生物罗盘"来指导其游动方向。

北卡罗来纳大学的生物学家肯尼斯认为,海龟的"导航仪"是一张"地图"。它是用大脑里的"磁场地图"来导航的。他用幼海龟做实验,发现幼海龟能检测出不同强度的磁场,并能分辨出地球表面磁力线倾斜的角度。所以他认为,海龟体内具有"全球定位器官",相当于卫星天线。它的这种"全球定位器官"能够检测到水域中任何一点的磁场强度和磁力线与地平面的夹角。不同的磁场强度和夹角可以确定一个点,形成一个类似经纬线的网格。这个经纬网格,可以在龟的大脑里绘制出一张"磁场地图",用来导航。有了这张精确的"地图",它便不会迷航了。

美国科学家为了验证肯尼斯的假说,设计了一个实验。他们制作了一种浮笼,把一只幼龟拴在一个可以自由转动的浮标上,再将其放入浮笼内(为保护幼龟免遭食肉性鱼类袭击),放入海洋中观察幼龟的游向。从离岸几千米到24千米的任何地方,只要把幼龟放入海中,它们都一个劲儿地朝大海方向游去。但有一天,出现了反常现象。幼龟放入海中后,全部像着了魔似的,乱了阵脚,它们或漫无目标地团团打转,或四面八方乱窜,东突西进,甚至有的还朝海岸反游。难道它们的"地图"都失灵了? 科学家通过仔细分析,发现这天正巧天气炎热,风平浪静。这种静悄悄、平镜似的海面应该更有利于幼龟向海洋游去呀! 它们到底是怎么啦? 就在他们百思不得其解的时候,突然奇迹出现了:海面上空刮起了微风,水面上掀起了小浪,波浪往西涌向海岸。这时,所有幼龟就像接到了向东转的"口令"似的,统统向东转,迎着海浪整齐地向海洋方向游去。莫非"海浪"是个"指挥棒"? 于是,科学家们又在有浪和无浪的气候条件下多次实验,结果证明:海龟确实是利用波浪作为一种定向标志的。

1989 年的夏末秋初,有一天刮起了"雨果"飓风。研究人员在离岸 10 千米处发现,这里的海浪恰好是反方向的,是离开海岸涌向外海的。他们便抓住这个反向浪的机会,把幼龟放入笼中投入大海。结果,所有幼龟都在冲锋破浪,迎浪游去。尽管这个方向能导致它们游回海岸(它们游动的目标应是外海),但它们全然不顾,拼命地迎着浪游。这说明,它们的确是靠海浪来导航的。由于"指挥棒"指向了海岸,它们全都上当了。所以研究人员的结论是:海龟的"导航仪"是"海浪"。

20 世纪 90 年代,一名佛罗里达大学教授认为,海龟的"导航仪"是一种"电子鼻"。这个电子鼻就是海龟体内的一种"化学感受器"。他认为海龟能够探知溶解于海水中的某些化学物质。他说,绿海龟之所以能够回游到出生地阿森松岛,是因为它们体内有一种"化学感受器"。它能在上千千米之外探测到溶解在水中的阿森松岛所特有的化学信号。他通过实地测算,得知阿森松岛溶入海水中的某些天然化学物质,被海水稀释后,传到千里之外的巴西海岸时,其浓度仍能达到原浓度的 1/100 到 1/1000。所以,这位教授认为绿海龟是靠"电子鼻"——自身的化学感受器感知"老家"的特殊气味,从而回游到出生地的。但这个假说实验证据不足,说服不了众多的科学家。

我国湖北省的焦金秀,曾经家养了一只龟,因为饲养的时间较长,有了一定的感情。后来焦金秀要乔迁新居,便把龟放生到大自然中。此后,焦金秀又搬过几次家。但放生后的龟,竟在几十年后,跋涉几百千米找到了焦金秀现在的家,回来下了 3 个蛋。看来,这个龟是靠"电子鼻"感知主人的某种气味而找到主人的,如果光靠"磁场"、"波浪"肯定是不行的。若靠磁场的话,应该找到原来的家。

种种实验,结果各异,使科学家的思维开阔了。有的科学家猜测:龟的导航系统,并不是单一的,而是一种"多媒体"体系。那么这种"多媒体"体系又是如何工作的呢?指挥中心是什么呢?目前仍没有答案。

不过,科学家已将卫星跟踪器安装在两只太平洋棱皮龟的身上了，应用这个高科技技术，来跟踪搜集海龟生活中的各种信息，以图解开其导航之谜。

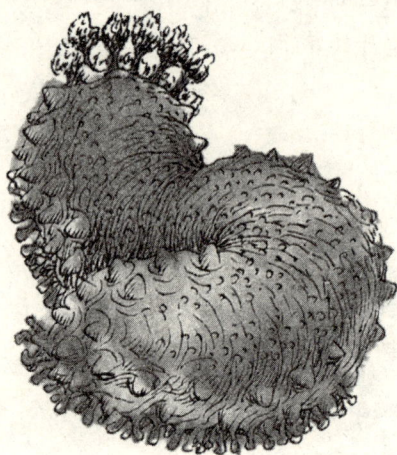

海参的抛脏弃腑绝招

生物界中，海参是以弱胜强的典范。海参长得很丑，就像一条黑色的快要腐烂的蔫黄瓜，既没有利齿，又没有凶爪，也没有抵御敌人的毒器。换句话说，它没有任何一样能够进攻或抵御敌人的武器。在自然界，它是十足的弱者。可是，海参偏偏又长了一身的贼肉，对周围的食肉动物来说，非常有诱惑力，所以常常遭到强者的侵犯。但是令人佩服的是，每次战斗，胜利者往往是海参，并不是强者。这是怎么回事呢？

原来，海参具有一种生物界独一无二的绝招——向敌人抛射全部内脏，趁机逃离"虎口"。

海参属棘皮动物,身体长圆形,肉多而肥厚,体壁外表有很多肉质突起,看上去就像一条"蔫黄瓜",所以其外号又叫"海黄瓜"。

海参的"资格"很老。在6亿多年前,它就已经生活在海洋里了。在漫长的岁月里,海参为了适应自然环境,形成了独特的生活规律。

它深居海中,不会游泳,仅靠管足和肌肉的伸缩压力在海底蠕动;动作迟缓,1小时只能走3米远。它的食物主要是泥沙中的有机质和微生物。它在"弱肉强食"的海底世界里,经常遭受强敌的欺凌。在长期的生存斗争中,它学会了一套"绝活"——抛弃内脏。当强敌袭来时,无力抗衡的海参,不甘心束手就擒,在即将落入"虎口"的一刹那,便使出其特有的"苦肉计":后缩体壁,把全部内脏(包括五脏六腑)一齐从肛门喷射出去。用自己的全部内脏作为"买路钱"或"厚礼",全盘奉送给来犯强敌。这堆又黏又长的"厚礼",一下子就把敌人给馋住了,足够强敌饱餐一顿。在敌人还没有反应过来时,海参便带着空壳沉入海底,逃之夭夭。这种大伤元气的举措,简直就是不惜血本买老命的行为。

它花这么大的代价,把全部内脏都奉送了,能买回老命吗?

回答是肯定的。海参的器官有惊人的再生本领。海参把内脏献出去后,约经 2 至 4 个月左右的疗养,又能重新生长出一套全新的内脏。它这种惊人的再生本领,一直是科学家探索的一个谜。

科学家在研究中,做过这样的实验:把海参切成两段,都放回水箱中培养,观察结果。发现这两段海参,经过 4 至 6 个星期后,又奇迹般地分别长成一条完整的海参。也就是说,把海参切成两段后,便可再生成两条完整的海参。

为了探索海参的再生之谜,科学家在实验室里,进行了各种培养实验,并在显微镜下经常观察。结果发现,海参有如此惊人的再生能力,主要是因为它有一种特殊的结构,即它具有一种特殊的结缔组织。这种结缔组织呈两种状态,一种叫"工作态",另一种叫"造形态"。工作态结缔组织是已分化成熟的结缔组织,负责机体的生理功能。而造形态结缔组织是一种未分化的原始结缔组织,负责机体的再生补偿功能。一旦机体某部位损伤或坏死,造形态结缔组织便立即进行修复补偿,使身体尽快恢复健康。

但有的学者认为,结构不是主要的,结构只是一个基本条件,生物的再生功能主要与生理功能有关。

美国纽约州的医生贝克尔认为器官的再生主要跟生物电有关。他用蝾螈做实验,用特殊的电极探针,去测量蝾螈断肢处的电流。他先测出蝾螈断肢前的电流流向,是电流从肢体表面各处流入皮肤内。断肢后,电流则由皮肤向外流出,而且从残肢伤口表面还会流出一股较强的电流。这股残肢电流竟能点亮一只手电筒灯泡。这股残肢电流,在肢体再生过程中要持续 10 天左右。

科学家发现,海参受伤后,伤口的生物电也会发生变化。

科学家进一步实验发现,只要设法降低残肢电流,动物的再生能力就减弱或者不能再生;相反,若是设法提高残肢电流的话,本来不能再生的器官便有了再生能力。科学家把青蛙的一条腿切断,然后设法提高这条残肢的电流,青蛙的腿竟然又长了出来(正常情况下不能再生)。这个实验支持了贝克尔的观点。

然而,还有一些科学家持另一种观点。他们认为,在再生中起主要作用的是神经组织。他们也做了一些实验,把鳗鱼或蛇的某些神经组织切除,这时,本来有再生能力的鳗鱼或蛇便失去了再生能力。他们又给老鼠移植上额外的神经组织,把老鼠的腿切断,老鼠竟又再生出了新腿(正常情况下老鼠的腿不能再生)。

人体的肢体是不能再生的。但是1974年,英国医生伊林沃思在上述思想的影响下,对一名儿童的一个手指(第一关节在一次突然事故中全部被切断),进行了适当处理,结果,断掉的那截手指竟奇迹般地再生出来了。但是这位医生认为,人的手指只有在一周岁前有再生能力。

美国纽约西奈山医院的医生布莱彻,进行了进一步的实验和研究,发现,1岁~12岁的小孩,断指仍可再生。

美国耶鲁医科大学的皮尔逊教授,更进一步地进行了实验研究,研究表明,人的脾脏只要未切除干净,就有再生能力。所以他认为

人的内脏也有潜在的再生能力。

问题越来越复杂。看来，海参内脏惊人的再生机制究竟是什么，其指挥中心在哪里，仍是个需要探索的问题。一旦这个谜被解开，将给人类的医学事业开辟一片新天地。那时人们用不着再为器官移植这一世界难题发愁了。哪个器官发生了病变，就将哪个切除，让它重新再长出一个新的来。心病切心，肝病切肝，甚至可以和海参一样，把全部内脏都切除，让它们再生出一套全新的健康的内脏。

这种想法并不是梦想。目前，美国生物工程学院的专家们已确认，任何一种人体细胞，都能在实验室中培养成为人体的某种器官。

美国科学家目前正在培养的人体组织有皮肤、软骨、耳朵、眼睛、乳房、心脏瓣膜、肝脏、肾脏、胰脏等，其中皮肤和软骨已进入临床试用。

美国麻省生物工程学家的动物试验表明，由人的软骨细胞培养成的一只完整的人耳，植入鼠背皮肤下后，人耳仍能存活。

美国波士顿实验室，用血管细胞培养成了生物工程心脏瓣膜，并把它植入了羔羊的胸腔，其功能正常。未来，它们将取代猪心瓣膜，每年可帮助 6 万名患者康复。

看来人类再生内脏的愿望真不是遥远的梦了。

水中"警犬"大马哈鱼

　　谁都知道,狗的鼻子极其灵敏,狗是大名鼎鼎的嗅觉侦探。早在第二次世界大战中,狗就当了"兵",大多在侦察队和扫雷队服役。扫雷犬可以将各种地雷(铁壳的、木壳的、石壳的、磁壳的等)一一查获,只要内装火药就逃不出它们的鼻子,任何扫雷器都比不上它。警犬就更为出色了,哪怕是隔着手套从罪犯的汗毛孔中散发出的微量气味,或隔着厚厚鞋底从罪犯脚底分泌的留在路上的淡淡的汗液味,都逃不过它的鼻子。一旦被警犬嗅过,无论这个罪犯潜到哪里,隐藏几十天甚至上百天,也都难逃警犬的追踪。这样的事例很多很多。

　　然而科学家发现，大马哈鱼的嗅觉，远远超出警犬，是警犬的几十倍甚至上百倍。运用嗅觉追踪气味的绝招，大马哈鱼算得上是警犬的"老前辈"了。

　　大马哈鱼是一种鲑鱼，生活在遥远的太平洋，但产卵繁殖时，必须回到生育它的故乡——我国的黑龙江和乌苏里江的上游及其支流。当幼鱼还未孵化出来时，"父母"便相继死去。幼鱼刚刚孵出，就陆续成群结队顺水游入大海，奔向遥远的太平洋，去觅食、成长。3至4年后，成年的大马哈鱼，就像外出打工的赤子，成群结队返回故乡来"成家立业"，繁殖后代，往返里程5000多千米。科学家用"标记法"进行实验，证明这些大马哈鱼，绝大多数都能准确无误地回到原来生育它的巢穴区域，误差只有1米左右，真是奇迹。

　　那么它们是怎样从茫茫大海中，找到回家的路呢？

　　美国威斯康星大学的动物学家哈斯勒认为，它是跟警犬一样靠鼻子回家的。1946年，他回家探亲时，在乡间路上突然闻到一股童年时曾经闻过的清香味——一种苔藓的味道，便勾引起了他对童年生活一连串的回忆。于是他想：人童年时代闻过的气味，竟能这样深深地留在脑海中，莫非大马哈鱼也是因

为"幼年"时闻过当地水域特有的气味,成年后凭着这种气味,追踪回家的?

1953 年,他开始设计实验来证实自己的假说。实验是在一条小河里进行的。这小河有许多支流,而每个支流里都生活着一种特有的鲑鱼种类。他在每个支流中捕捞 300 条鲑鱼,然后把其中一半鲑鱼的鼻孔用棉花堵塞住,并做上标记,分别表明它们是属于哪条支流的。然后把所有的鲑鱼,在河流下游离河流分岔处 1 英里(约 1.6 千米)的地方放入水中。结果,鼻孔被堵塞的鱼绝大多数迷失了方向,走错了河岔;而未堵塞鼻孔的几乎全部正确地游回到自己居住的支流。这说明大马哈鱼是靠鼻子回家的。

是什么物质使它的鼻子那么敏锐呢?哈斯勒进一步做实验,又整整花了两年时间,终于找到了一种能对鲑鱼嗅觉起作用的物质,这种物质叫"嘛呋啉"。百万分之一浓度的嘛呋啉,鲑鱼就能嗅到。

1971 年,哈斯勒把 1600 条幼鲑鱼分别饲养在两只水箱中(各 800 条)。1 号水箱滴入适量的嘛呋啉,2 号水箱不加。饲养 30 天后,将每组鱼做上标记,然后放入河中。所有的鱼都顺流游入海中,游向大洋觅食去了。两年后,鲑鱼长成,要回游到出生的河流了。这时他就在出生地的河里滴入适量的嘛呋啉。结果不出所料,有 212 条带标记的鲑鱼回来了(自然情况下只有 2%～4%能回游繁殖地,其余的因病死,或被捕杀等被自然淘汰),其中有 185 条是出自 1 号水箱(滴有嘛呋啉的水箱)的鲑鱼。这证明鲑鱼是靠鼻子追踪嘛呋啉回家的。1972 年,他把实验扩大到 4 万条鱼,得到同样的结果。

1973年，他的学生肖尔茨，继续深入实验，把小型的超声波发生器塞入鲑鱼的胃里，然后用一个水听器和接收器，对每一条实验鱼进行跟踪。他在鲑鱼回游的途中，滴入一点嘛呋啉，结果发现：凡是在嘛呋啉水箱饲养过的鲑鱼，到了这里全都不走了，似乎已经到了家。另一水箱的鱼则继续前进，好像什么事都没有发生。

同年，他的另一名学生库珀，把一个微电极植入到鲑鱼大脑的嗅中枢，以便探测鱼脑在气味物质刺激时所产生的脑电波。研究发现，鲑鱼对气味物质的反应十分敏感。

所以哈斯勒等人认为，幼小鲑鱼生活的河流水域里有一种特殊的气味物质，深深烙印在它们的脑海中。成年后，它们就像警犬一样，靠着惊人的嗅觉，追踪气味找到家，而且追踪气味的本领远远超过警犬。因为幼鲑鱼出生的水域离海口足有几千千米，然后又进入汪洋大海，气味被稀释得几乎微乎其微，而且相隔时间又为3年～4年，所以它在嗅觉方面称得上是警犬的"老前辈"。

但是有的科学家认为，鲑鱼这种闻味本领简直不可思议。他们认为鲑鱼是靠视觉回家的，靠太阳来定位的。它们能觉察出太阳在天空中的位置,然后通过体内的"天空罗盘"感知自己所处的位置,而且以此决定游动方向,是游向大海还是游向产卵方向。他们在室外建立了一个圆形的实验水池,水池可以沿中轴转动。水池中央有一个平台,平台的下方均匀地划分着 16 个小室,可供小鱼隐蔽,平台中央是一个可以上下移动的鱼笼。

实验时,先仅打开朝北的一个隐蔽室。当小鱼从鱼笼里放出时,就用微弱的电去击它们,迫使它们去寻找朝北的那个小隐蔽室。每次实验都在早上 9 点～10 点进行,那时太阳在东方。时间久了,小鱼就"记住"了北面的小室是惟一安全的地方。而且每次实验时,都将水池任意转动一个角度,使鱼不可能发现水池上的任何记号,惟一辨别方向的参数就是太阳。训练完毕后,把 16 个隐蔽室全都打开,放出小鱼,这时可看到,小鱼毫不犹豫地逃向正北的隐蔽室。要是在阴天进行实验,小鱼就会迷失方向,辨不出东南西北,几乎每次都是进了不同方向的隐蔽室。要是在有太阳的下午 3 点～4 点钟实验,则小鱼仍然进入正北的小室。可见,鲑鱼不仅能知道太阳的方位,还能校正时间差(因为如果它只记住太阳方位的话,下午 3 点～4 点实验时,太阳在西方了,它就应该进入正南的小室了)。实验证明鲑鱼的确可以通过太阳来定向导航。

但有的科学家却认为:靠太阳导航学说站不住脚,因为如果在阴天和漆黑的夜间,它就会迷途,永远也回不了家。他们认为鲑鱼是靠磁感导航的。可是,在其他靠磁感导航的动物体内,都发现了对导航起作用的"微磁体"。然而,到目前为止,在鲑鱼体内并未发现这种"微磁体"。

看来，水中“警犬”——鲑鱼的准确导航能力是不是嗅觉仍是个谜。

光睑鲷发光会不会招来麻烦

今天我们已经知道,除了少数鱼类能发光外,还有一部分蠕虫、海绵、珊瑚虫、水母、甲壳动物和昆虫等也会发光。不过,据科学家研究,光睑鲷的发光器是所有发光动物中最大和最明亮的之一。在黑暗中,一条光睑鲷发出的光亮,能够使离它2米远的人,看出手表上所显示的时间。因此,水下科学考察工作者和潜水员,常常抓住一条光睑鲷,放在透明的塑料袋中,作为水下照明工具。

光睑鲷是一种体长只有8厘米左右的暗色小鱼,和我们常见的金鱼大小差不多。它生活在印度尼西亚到红海之间的上层水域,有时也出现在火山湖之中。它的两只眼窝下面,各有一个新月状的大型发光器官,好像电灯一样,还有"开关"装置。如果眼睑下的盖膜暂时遮住了光源,光就隐没了;如果盖膜启开,就会发出闪闪烁烁的蓝绿色亮光。众多的鱼聚集在一起,便如同倒映在水中的点点繁星,分外美丽,给漆黑寂寞的大海增添了不少生气。

光睑鲷的亮光是怎样发出来的呢? 据科学家研究,它和其他许多发光鱼类一样,依靠与自己共栖的细菌作为光源。一条光睑鲷的每个发光器官中,大约生存着 100 亿个细菌。当这些细菌消耗从鱼的血液里供应的养料和氧气时,就把化学能转变为光能,于是就发出光来。即使在鱼死去的几个小时里,发光器官仍会继续发光。可见,光睑鲷和细菌是相互依赖的,前者靠后者的发光招来食物和联络伙伴,后者靠前者的血液供应养料和氧气,维持生命。

通常,光睑鲷在没有月亮的夜间,群集在水的表层。它们一般是几十条一起活动,多时可达 100 条~200 条。它们游动没有一定方向,常常形成一个类似球形的活动范围。夜间,这种鱼每分钟闪光 2 次~3 次,当受到惊扰时,闪光次数会明显增多,每分钟可以达到 75 次。

光睑鲷为什么要发光? 这样不会招来麻烦吗?

为了弄清这个问题,海洋生物学家进行了大量研究,他们发现光睑鲷发光对本身至少有这样两大好处:

第一,能引诱猎物"上门"。在黑暗的夜间,光睑鲷发出的明亮闪光,可以引来许多小型甲壳动物和蠕虫,这样就能不费力气地享用美餐。

第二,可作为同类间的联络信号。海洋生物学家在潜水

观察时，用一个反射镜去引诱光睑鲷，发现它们会追逐自己的影像，并不断改变闪光形式。另外，如果两条光睑鲷相遇，它们彼此间的闪光形式也会发生变化。

为了进一步证实这个现象，科学家们在实验室的水族箱里放入一个光睑鲷模型，让一条真的光睑鲷和它相见。结果活鱼不但追逐这个鱼模型，而且一个劲儿地变幻自己的闪光，像是在和它打招呼或说话似的。最后，科学家们作出了一个极为有趣的解释，他们认为光睑鲷可能通过闪光形式的改变，进行交谈和通讯，只不过我们现在还"听"不懂鱼类的"语言"。

至于光睑鲷发光会不会给自己带来麻烦，科学家们的看法还不一致。有些海洋生物学家认为，光睑鲷在发光引诱猎物的同时，也招来了一些危险的敌害，如龇着满口锋利牙齿的鲨鱼，会让光睑鲷成为它的腹中之果。在一些鲨鱼的肚子里确实发现过光睑鲷的残骸。

另一些海洋生物学家却不同意上述观点。他们认为光睑鲷在遇到像鲨鱼这样的敌害时，会使用两种办法来对付：一是立即拉上盖膜，把光亮遮住，使敌害不知其所在；二是在受到敌害威胁时，快速增加闪光次数，用来模糊对方的视线。这样一来，敌害就无法伤害它们了。

看来，以上两种不同观点，似乎各有道理。要弄清这一问题，还需要进一步观察和研究。

鱼儿为什么登陆

"鱼儿离不开水"这句话形象地表达了鱼类和水的密切关系。鱼儿长有水中呼吸器官——鳃,如果鱼儿脱离了水,鳃就会渐渐干枯,失去了呼吸机能,从而导致窒息死亡。但是,自然界里也有少数鱼儿能够短暂离水生活,这是由于它们除了有在水中呼吸的鳃外,还有其他辅助呼吸器官,所以可以在陆地上呼吸空气。

能够离开水短暂生活的鱼类中,一些是被人们逮住放到陆地上的,如黄鳝、黑鱼、泥鳅等,或者是因为水生环境中的水分干涸,如生活在澳大利亚、非洲和美洲的三种肺鱼;另一些则是自己离水登陆的,如弹涂鱼、攀鲈、白鲶鱼和河鳗等。

那些自己离水登陆的鱼儿,是不是厌恶水环境而喜爱陆地呢?显然不是。鱼类学家通过观察和研究认为,鱼儿自己离水登陆,有这样两个原因:

第一,捕猎食物。例如生活在我国南方、爪哇、苏门答腊和非洲等地沿海浅水滩涂的弹涂鱼,是大家比较熟悉的一种小鱼。它们常常离开水在滩涂上爬行、跳跃,有时甚至爬到树枝上,因此人们把它们俗称为跳鱼、泥猴、海兔。弹涂鱼登陆以后,忙碌于猎食陆生昆虫、小蟹、蠕虫以及其他无脊椎动物。

第二,水质污染。例如生活在我国南部、印度、缅甸和菲律宾等地的攀鲈,除了上陆觅食无脊椎动物外,还能以胸鳍、鳞片和鳃盖的活动,向前爬行很长距离,到离原来栖息水域较远的水环境中去生活。难道鱼儿也有厌旧爱新的心理吗?科学家经过研究发现,原来攀鲈的"老家"水质污染较为严重,使它无法在那儿继续生存下去,于是才爬上岸来,寻找干净的水环境栖身。

上述两种解释都很有道理。由此看来,鱼儿登陆的原因好像很明白了。

然而,不久前,一条大鲶鱼登陆"漫步",又引起了科学家对鱼儿登陆问题的兴趣,研究结果令他们很迷惘。

那是一个有月光的夜晚。美国的一位夜间观察者,在博卡拉顿研究狗叫的时候,突然发现一条白色大鲶鱼在路上"行走"。鲶鱼靠强有力的尾部拍打地面,产生一种后助力量,同时以胸鳍上的坚硬鳍棘挖掘地面,维持鱼体平衡和推进身体向前移动。根据测定,这种大鲶鱼可以离水在陆地上生活几个小时,能"行走"400米,甚至更长的路程。

　　由于白鲶鱼能够在地面上"行走",因而当地人叫它"会走路的鱼"。这一消息传开以后,引起了一些鱼类学家的浓厚兴趣,他们开始探索白鲶鱼登陆的原因。多数科学家认为,白鲶鱼与弹涂鱼、攀鲈不同,一般自己不会离水登陆,除非有特殊情况。这种特殊情况就是水质污染,迫使它们"搬家"。但是,有的科学家对白鲶鱼做了深入的观察和研究,他们除了观察白鲶鱼登陆后的全部活动外,还对它们栖息的新老河流或池塘的水质进行测定。结果发现,有的两处水质都没有受污染,甚至老栖息地的水质比新的还要清澈卫生;同时,这些白鲶鱼自从登陆到进入新的水域后,再也没有出现过捕食行为。它们到底怎么了? 真令人不解。因此,这些科学家提出:鱼儿登陆的原因,不局限于捕猎食物和水质污染两个原因,肯定还有其他原因。是些什么原因呢? 目前谁也说不清楚。

不怕冷的极地鱼

地球上的南极和北极地区，天寒地冻，一片冰雪世界。那里的海水因为含盐量比较高，所以水温在－2℃也不会冻冰。不过，这样的低温，对于一般鱼类来说，可能是一场灾难。可是，有一些鱼儿却得天独厚，能够悠闲自在地生活在极地冰冷的海水之中。例如：人们在北极水域里，发现了一种比目鱼；在南极的冰洞下，钓到了长相奇异的南极鳕鱼。它们成了鱼类世界不怕严寒的佼佼者。

南极鳕鱼的模样令人注目。它长着两个大眼睛，厚嘴唇，大嘴巴，在蓝白色的身体上还布满着五彩斑点。这种鱼生活在-1.9℃的海水中。这个温度如果换上温带鱼，早就被冻成冰块了，而它却安然无恙。

那么，南极鳕鱼为什么能够在冰点或冰点以下的水温中生活呢？科学家在这种鱼的血液中发现了一种糖蛋白，它是一种长链状的生物大分子，在血液里盘绕卷曲成松散的不规则线圈。由于表面张力的缘故，要使这种线圈的表面结冰需要较低的温度；而一旦结了冰，表面的不规则性又会增大，使冰点大大降低，从而使南极鳕鱼有了抗冻的本领。

之后，加拿大纽芬兰岛纪念大学的一位科学家，通过对极地鱼类的研究，进一步发现了它们的抗冻原因。原来，极地鱼类的血浆中有一种特殊的抗冻蛋白（高分子多肽），在冬天里，这种抗冻蛋白的含量明显增加。抗冻蛋白是血液的抗冻剂，用来调节鱼体内的渗透压，使血液变浓，凝固点下降。极地冬季来临的那一个月（南极是6月，北极是11月），极地鱼类体内的抗冻蛋白就开始增加,到冬末(南极 8 月~9 月,北极 1 月~2 月)抗冻蛋白含量达到了高峰;夏季开始,极地地区天气转暖,海水温度升高,抗冻蛋白的含量才逐渐减少。

那么,极地鱼类是怎么知道季节的变化的?要知道,冬天快来临时,日照变短,海水温度逐渐降低。鱼儿的眼睛和皮肤,会把这些感觉传递给脑垂体,于是脑垂体就"发布命令",命体内赶快合成抗冻蛋白,做好过冬准备。如果在冬天摘除鱼儿的脑垂体,那么鱼儿便一直不停地合成抗冻蛋白,即使到了夏天也不终止。由此看来,夏天抑制抗冻蛋白生产的也是脑垂体。

20 世纪 80 年代初,加拿大鱼类学家赫尤和费列切用放射性同位素的方法,研究了北极比目鱼的血液中的抗冻蛋白与肝脏蛋白质的生物合成作用的季节性变化,发现这两个过程彼此关系密切,并且都受脑垂体的调节。

他们在寒冷的 1 月份,将用放射性同位素碳-14 作标记的丙氨酸,注入比目鱼的血液循环系统,然后把血液中的蛋白质提取出来。经过分离分析后得知,式量为 15000 的多肽中,含有大量带标记的丙氨酸。若将这种鱼的肝脏取出一块,放入带标记的丙氨酸培养基中培养,发现肝脏也合成这种式量为 15000 的多肽。这就证实了,这种具有抗冻能力的多肽(是蛋白质的一种)是由肝脏合成并释放到血液中的。

天气变暖时,他们又进一步进行了脑垂体摘除后的对比实验。发现,未摘除脑垂体的鱼,7 月份血液中的抗冻多肽的含量降低了;而摘除了脑垂体的鱼,血液中的抗冻多肽含量仍跟冬天一样,未发生变化。这说明,抗冻多肽的含量随季节变化是受脑垂体调节的。

另外，80年代末，法国圣母玛丽亚大学的科学家，用放射性同位素碳-13研究北极昆虫。他们把用碳-13标记的葡萄糖，注入幼虫体内，然后用仪器跟踪碳-13的代谢过程。结果查明，北极昆虫能在超低温（－70℃或更低）的环境中生存，是因为它的体内产生了一种抗低温保护剂——甘油。

遗憾的是，人们至今还不知道极地鱼类体内是怎样合成抗冻蛋白的。否则，我们也许能利用鱼儿的抗冻机理，发明出一种新型的"冷冻保鲜"技术，使鱼体表面处于冰冻状态，而体液又不致冻结，在需要时可以使其一下子苏醒复活。

鱼儿靠什么预知地震

地震像刮风下雨一样,是一种经常发生的自然现象。地震既然是一种自然现象,通过实践,就可以认识、预测和预防。

我国地处世界两大地震带的中间,是一个多地震的国家。根据史料记载,我国发生的大小地震就已达 9000 多次。我国人民在长期抗震斗争中,已经积累了丰富的经验,除发明了各种地震仪以外,还利用地震前的宏观异常现象,创造了许多预测预报地震的办法。其中利用动物震前出现的异常反应来预报地震,是一种既简便又容易掌握的办法。

国内外大量的地震历史资料表明,地震前发生异常反应的动物，至少有 80 种。其中反应最为明显的有狗、鸡、鱼、鸟、猫和猪等动物。

我国地震系统的科技人员，曾对邢台地区的泥鳅、黄鳝、鲫鱼进行过长期的研究，发现它们都是在临震前 1 天～2 天内，才表现出特别明显的异常反应，如烦躁、惊惶不安等。

日本也是世界出名的多地震国家，民间早有传说：鲶鱼翻身是地震的征兆。经科学家长期观察后证实，鲶鱼确实能预报地震，它对轻微震动的感受十分灵敏。地震前水中的微弱电流变化，能被鲶鱼特别灵敏的感受器官感觉到。此外，鲶鱼还有特别丰富的味觉器官——味蕾。人的舌头上大约有 9000 多个味蕾，而鲶鱼的味蕾却有 10 万个之多！而且据报道，这些味蕾不光长在口腔里，还长在有丰富黏液的皮肤和触须上。很有可能地震前，水中的电流和水质发生了变化，鲶鱼很快感觉到了，并作出不断翻身的反应。据日本科学家说，其他一些淡水鱼，也会在震前出现"鱼翻白肚水上跃"的反常行为。

人. 味蕾. 大约9000多个.

鲶鱼. 味蕾. 大约10万个.

科学家认为，除了一些淡水鱼类能预报地震以外，对深海鱼类行为的研究也有助于预测地震。

1923年夏天，一位秘鲁鱼类学家在日本的叶山沿海，发现一种名叫"胡须鱼"的深海鱼竟游到了浅海，这一反常现象预示着什么呢？事隔一天，发生了关东大地震。

日本未广教授是研究地震前深海鱼反常行为的专家。1963年11月11日清晨，日本新岛的渔民捕到一条长2米的深海鱼。电视台记者为采访这条新闻，邀请未广教授一同乘坐直升机前往现场。当时他有课不能前去。同记者分别时，他开玩笑说："请多加小心，不久将有地震发生。"谁知，事隔两天，新岛附近真的地震啦！

1964年，未广教授在报纸上向全世界发出呼吁说，深海鱼有预测地震的本领，希望渔民和科学家如果发现深海鱼有异常行为，请立刻通知他。不久，他的这一呼吁得到了许多国家的科学家的热烈响应和大力支持。

我们能肯定地说，鱼儿和其他一些动物具有能够感受震前环境中物理和化学变化的能力，因而才出现震前异常反应。而人类没有这种能力，所以不能预感即将到来的地震。至于鱼儿是靠什么来预知地震的，目前学术界尚有分歧。

有的人认为鱼儿除了有视觉、听觉、嗅觉、味觉、触觉等感觉外，还有"第六感觉"，这一感觉能感受震前水域的微弱电场变化，从而出现异常行为。有的人认为，一些鱼儿的触角能对震前水域的微弱振动产生感觉，一些鱼儿的味觉能感受震前水质的变化，所以才表现出异常行为。

有的科学家认为，地震前的次声是引起鱼类异常表现的原因。近几年来，实验研究和现场观测发现，地震前震源区由于岩石的微破裂,使周围不断发出频率在 20 赫兹以下的振动,正好在人耳听不见的范围内。频率在 2 万赫兹以上的为超声,20 赫兹以下的为次声。超声和次声人耳都听不见。而鱼类的耳后和侧腺对于 1 赫兹~20 赫兹的次声特别敏感。地震前,金鱼惊惶不安,甚至跳出鱼缸,就跟次声有关。

有的科学家认为,地震前,震源产生的压电效应是鱼类异常表现的原因。地震前,会引起震源地区电场的异常变化,产生极大的电势差。日本学者对鲇鱼做了如下实验:他们把一个小型的电子仪器放在鱼头上,连续地接收鲇鱼活动的信息。他们发现在电的单一因素刺激下,只要电势差达到每米 100 毫伏时(地震前,可达到数千伏),鲇鱼就有反应。如果用电和振动同时刺激鲇鱼,只要用每米 10 毫伏的电势差,就能引起鲇鱼异常反应。他们经过解剖,知道鲇鱼有一个灵敏的电感受器,叫壶腹器官。

德国科学家特赖布希认为,是震前空气带电,引起动物发

生异常反应。他发现,地震前,有些空气粒子带电,这些带电粒子对动物有生理效应,会引起动物增加五羟色胺的分泌,而动物的异常反应正是"五羟色胺综合症"的表现。

另外,鱼儿对环境条件的变化极为敏感,因其他原因所表现出来的异常反应,往往与震前出现的异常反应十分相似。例如:天气闷热,雷雨之前,由于气压低,湿度大,水中溶解的氧气减少,鱼儿就会泛塘。暴风雨来临前,很多鱼集体上浮,深海鱼会游到浅海。此外在繁殖季节,由于鱼儿自身的生理变化,也会表现出行为异常,如一些鱼儿进行生殖回游。季节更替,生活环境的改变,饲养不当,受到惊吓,以及疾病和某些生理活动都可引起鱼儿的异常反应。由于我们没有完全了解鱼儿预知地震的机制,所以有时还难以区别哪些是上述情况下的异常行为,哪些是震前的异常行为。目前还不能完全根据鱼儿的异常行为来预测地震。

谁是两栖动物的祖先

　　说起两栖动物，大家并不陌生，青蛙、大鲵都是两栖动物。如果问你为什么叫它们两栖动物？有的同学可能会不假思索地回答："因为它们既能在水中又能在陆上生活呗！"这个回答其实不对。

　　准确的说法是这样的：两栖类动物幼时用鳃呼吸，适于水栖；长大以后变成用肺呼吸，大多数栖于陆上。当然，它们也有长时间在水中停留的本领。它们的呼吸经过了从鳃到肺的变化过程。那么它们是不是从鱼演变而来的？它们的祖先是谁呢？

对于这个问题,自从 1837 年,美洲肺鱼和非洲肺鱼相继被发现以来,就引起了争论,至今已经持续了一个多世纪,先后提出过各种假说,但最终也没有得出完美的结论。

科学家比绍夫曾对美洲肺鱼做过详细的观察和研究。他发现:这种美洲肺鱼具有内鼻孔;有较大的肺,并通过声门与声道相连;心脏有两个心室,其中一个接受肺部来的血液。因此,他认为这种肺鱼属于两栖动物。

英国科学家欧文是第一个研究非洲肺鱼的人。由于他研究的标本保存不佳,没有找到内鼻孔,因此他把非洲肺鱼列为鱼类,而不是两栖动物。

在开始的 20 年中,学术界一直争论的问题,就是肺鱼究竟是鱼类还是两栖动物。争论中,有的科学家认为肺鱼是十分像两栖动物的鱼类,有的科学家则认为肺鱼是介于鱼类和两栖动物之间的过渡类型。

不过,这一时期的争论是在英国著名生物学家达尔文提出进化论之前。自从进化论问世以后,人们对两栖动物和鱼类的区别,已经不感兴趣了。因为生物是逐渐进化的,所以两栖动物和鱼类自然不容易分开。早期主张生物进化的科学家,仍然把肺鱼当作两栖动物的祖先。一直到 19 世纪末期,作为两栖动物祖先的肺鱼,才被总鳍鱼类替代。原因是肺鱼的颌、牙齿太特化,总鳍鱼类比较原始,而且总鳍鱼类中的扇鳍鱼类和古代两栖动物迷齿类具有十分相似的牙齿。然而,当时仍有人对两栖动物起源于总鳍鱼类持有怀疑的态度。1942 年,瑞典古鱼类学家雅尔维克对总鳍鱼类进行深入研究后,提出了两栖动物起源于总鳍鱼类中的扇鳍鱼类的理论。这一理论被认为是无疑的了,它成了现今教科书上公认的观点。

20世纪80年代以来,随着生物进化论的推广,人们把注意力转移到寻找各门类生物的祖先方面。我国古鱼类学家张弥曼教授,从以下两个主要方面对两栖动物起源问题进行了深入研究。

第一,科学家多洛在1896年提出,如果总鳍鱼类中的扇鳍鱼类是两栖动物的祖先,那么它们应该有内鼻孔。可是近年来,在我国早泥盆世地层中发现的杨氏鱼,与扇鳍鱼类中的两个类群有很多相似的地方,根据传统的看法,很容易把它们置于两栖动物的祖先类群中。但是张弥曼教授指出:在杨氏鱼中无法找到内鼻孔。张教授和世界上的其他科学家还注意到,瑞典、英国、法国和德国收藏的有关标本,情况也与杨氏鱼十分相似。因此,所谓扇鳍鱼类存在内鼻孔便成了一个大问号。

第二,有的科学家认为,两栖动物普遍存在鼻内管,作为它祖先的鱼类应该也有相当于鼻内管的组织。但是张弥曼教授研究杨氏鱼后指出:此鱼的鼻后壁下部虽然也有一个类似的管道,但是不靠眼眶边缘,不可能是鼻内管。

上述原因使扇鳍鱼类是两栖动物的祖先的地位动摇了,加上现代肺鱼和两栖动物之间共有特征的进一步发现,使不少科学家又回到"肺鱼比扇鳍鱼类更接近于两栖动物"的观点上来。

20世纪80年代中期,科学家认为,"拉蒂玛、史密斯鱼"才是两栖动物的祖先。1938年,在南非东部海域,一条拖网渔船捕到一条有腿的怪鱼。此鱼体长2米,重50多千克,全身披着硬鳞,头部坚硬,嘴里有牙,尾部有条像鞭子似的尾巴,有 4 条棒状的腿,七分像鱼,三分像兽。拉蒂玛(博物馆科技人员)和史密斯(鱼类学家)发现它时,大为惊喜,因为这是一条生活在 3.5 亿年前、已经绝种的鱼类,学名叫"空棘鱼"。1952 年人们又捕到一条这种鱼。为了纪念发现者,这种鱼被命名为"拉蒂玛、史密斯鱼"。

1986 年,日本科学考察队又在科摩罗海域 50 米深处,用水下电影摄像机把一条正在游弋的"空棘鱼"拍摄下来,并跟随拍摄了 20 多分钟。

目前科学家认为,空棘鱼才是两栖动物的祖先。鱼类本来是无脚动物,在爬上陆地以后的漫长时间里,空棘鱼为了适应陆地爬行的需要,便长出了脚。若用青蛙的成长过程来比喻从鱼到陆地动物这一进化过程的话,那么,空棘鱼正是相当于长了腿的蝌蚪,而有些登陆的鱼逐渐演变为像青蛙和蜥蜴那样的动物。但进化并不是"一刀切"的。有的鱼登陆后演变成两栖爬行动物;可是也有一部分鱼类,例如空棘鱼,登陆后,遇到某种情况后又重新返回海里去了,成为带腿的鱼类。

　　看来，究竟谁是两栖动物的祖先，至今还不能定论。

四眼鱼主要依靠哪种视觉

看了这个题目,你一定会感到十分惊奇,凡鱼只长两只眼睛(除盲鱼外),怎么会有四只眼睛的鱼呢?

当你的头部钻入水池里睁眼四望时,就会感觉到所见到的任何物体似乎都是模糊不清的。我们用这一简单的逻辑推理,不难想象,把一条鱼儿从水中取出,它将和人一样,同样地看不清无水世界的东西。这一事实,说明了人和鱼的眼睛构造是不同的。鱼儿只能在水中视物,而人类的眼睛仅适应于在陆上看东西。

可是,在中美洲和南美洲的小型海湾、河口和池沼中,有一种体长约 15 厘米、长相奇怪的鱼，它的眼睛很特别，具有鱼和人的双重视觉。因而科学家称它为"四眼鱼"。

四眼鱼和其他动物一样也只有两只眼睛，只不过它们已经特化了。两只眼睛都分成上下两部分，中间有一个水平隔膜分开，每部分各有自己的焦距。上半部分突出头上，它的晶状体同露出水面的背瞳孔联系，很像人的眼睛，靠着两次折射的补偿作用，能够眺望空中王国；下半部分的晶状体，同水下的腹瞳孔紧密联系，可以细察水中世界。因此，这种怪鱼既能够跃出水面捕食飞行的昆虫，又能够潜入水中觅食小型无脊椎动物和藻类。它的视觉神经十分发达，有粗大的视神经束从眼睛通到中枢神经系统，在夜间月光下也可以看清物体。

不久前，科学家在巴西的亚马孙河口的马拉若岛附近，见到成群的两眼突出的四眼鱼在浅水区捕猎食物。它们特别喜欢在水的表层活动，忽沉忽浮，以此来弄湿露出水面的那上半部眼球，否则它们会因干涸而失明。

绝大多数鱼类是卵生的，用产卵来繁殖后代，而四眼鱼却与众不同，是胎生的。母鱼产下的是仔鱼，而不是鱼卵。

四眼鱼虽然具有双重视觉，但是它主要靠空中视觉还是水中视觉？这一问题在科学界还存有争议。一部分科学家认为，四眼鱼主要依赖于它的空中视觉。他们的理由是：空中视觉能比水中视觉发现更远的物体，比如它们喜欢在水表层活动，渔民在撒网之前它们就能发现渔船，从而逃开。他们通过解剖四眼鱼发现，鱼腹中有许多飞虫残骸，这些都证明了四眼鱼的空中视觉非常敏锐。另一部分科学家却认为，四眼鱼终究是一种鱼，它的陆上视觉，不可能超过其水下视觉。

由此看来，我们要弄清这一疑谜，还应该进行以下两个方面的探索：一方面是进一步观察它陆上视物的详细情况；另一方面对它的食性要进行反复分析，明确这种鱼主要是吃陆上食物还是水中食物。

请 你 解 答

1. 昆虫的翅膀,当初是又小又短的一种小翅蕾,这种小翅蕾对飞行并不起什么作用。那么,昆虫翅膀最初的功用究竟是什么呢?

2. 雌雄蟋蟀是怎样约会的? 雌蟋蟀的"BP机"在哪儿,有些什么功用?

3. 蝴蝶大规模长距离迁飞的真正原因是什么? 它们究竟是靠什么导航的?

4. 蚂蚁为什么那么"大公无私"?

5. 都说萤火虫的"闪光"是为了找配偶,而有科学家发现它的"闪光"是为了觅食或恐吓敌人等。萤火虫"闪光"的奥秘究竟是什么?

6. 蜂后为什么有那么大的魔力? 你能让它失去威力吗?

7. 蜥蜴的尾巴能再生,抓几只试试看。生物为什么能再生? 其控制中心又在哪里?

8. 龟为什么那么长寿?

9. 鱼儿靠什么预知地震?

10. 大马哈鱼的嗅觉虽有"水中警犬"之美称,但出生地的气味流向海洋,经过几年波涛骇浪的冲击,气味轨迹应该不复存在。它究竟是靠什么准确导航回到老家的?